KB199846

하용조 강해서 전집 1

창세기 1

아담아 네가 어디 있느냐?

(1-3장)

하용조 강해서 전집 1

창세기 1

아담아 네가 어디 있느냐?(1-3장)

지은이 | 하용조

초판 발행 | 1998. 8. 10

개정판 발행 | 2021. 7. 21

등록번호 | 제1988-000080호

등록된 곳 | 서울특별시 용산구 서빙고로 65길 38

발행처 | 사단법인 두란노서원

영업부 | 2078-3352 FAX | 080-749-3705

출판부 | 2078-3331

책값은 뒤표지에 있습니다.

ISBN 978-89-531-3502-4 04230

독자의 의견을 기다립니다.

tpress@duranno.com www.duranno.com

하용조 강해서 전집 1

창세기 1

아담아 네가 어디 있느냐?

(1-3장)

두란노

창세기를 읽으면 성경의 신비가 열립니다

창세기는 정말 놀라운 책입니다. 조개의 입을 열면 진주가 나오듯이, 창세기가 열리면 성경의 신비한 세계가 보입니다. 인류의 모든 난제를 담은 창세기는 우리에게 닫혀 있는 책이 결코 아닙니다. 창세기는 연구나 논쟁의 대상도 아닙니다. 더욱이 창세기는 신학교 강의실이나 도서관에서 제대로 발견되는 책도 아닙니다. 창세기는 오직 하나님을 찬양하고 경외하는 그리스도인이 감격과 감동을 가지고 그분께 나아갈 때 열리는 책이며 '창세기'라는 글자 뒤에 숨어 있는 비밀과 신비를 드러내는 책입니다.

그렇게 많이 읽고, 연구하고, 설교했던 창세기를 다시 들고 주일 강단에서 설교하기 시작했을 때 그 감동과 흥분은 말로 다할 수 없었습니다. 창세기 1-2장에 기록된 하나님의 천지 창조는 정말 신비롭고 놀라운 사실이며, 창세기 3장의 인간 타락에 관한 이야기는 너무나 가슴이 찢어지고 아픈 사건이며, 그럼에도 가죽옷을 지어 인간들에게 입히신 하나님의 사랑은 매우 애처롭고 눈물겹게 느껴집니다.

특별히 창세기를 읽을 때 로마서와 요한계시록을 연결해서 읽기를 권합니다. 그러면 성경을 이해하는 새로운 지평이 열릴 것입니다. 성령의 감동을 입고 하나님을 경배하고 찬양하며 창세기로 들어가 보십시오. 창세기에 대한 모든 의혹이 안개가 걷히듯 사라질 것입니다.

차례

3부

하나님의 놀라운 구원 계획

창세기 3:1-24

1부

태초에 하나님이 천지를 창조하셨다

창세기 1:1-31

창세기 1장은 하나님의 완벽한 창조 드라마입니다.
하나님의 창조에는 부족함이 없습니다. 미완성이 없습니다.
하나님의 창조는 완벽한 균형이요, 완벽한 아름다움이요,
완벽한 충만함입니다.

1

모든 것의 시작이신
하나님께로 돌아갑니다

창세기 1:1

이해를 넘어 선언할 때 성경의 문이 열린다

성경은 성령의 감동으로 쓰인 하나님의 말씀입니다. 우리가 성경을 펼 때마다 "모든 성경은 하나님의 감동으로 된 것"(딤후 3:16)임을 기억해야 하는 이유는 성경이 인간의 지성과 경험으로는 해석되지 않으며, 상식과 합리성으로는 이해되지 않기 때문입니다. 오직 하나님을 사랑하고 성령 충만한 자에게만 성경의 문이 열리고 하나님의 말씀이 드러납니다.

성경을 대할 때마다 또 하나 기억해야 할 말씀이 있습니다.

> 진실로 너희에게 이르노니 천지가 없어지기 전에는 율법의 일점일획도 결코 없어지지 아니하고 다 이루리라(마 5:18).

우리가 성경을 이해했든지 이해하지 못했든지에 상관없이 성경은 일점일획도 틀림없는 하나님의 말씀입니다. 그리고 그 말씀은 예수님이 다시 오시기 전에 다 응답된다고 말하고 있습니다.

우리가 이제 살펴보려고 하는 창세기에 마음을 열고 정성과 뜻과 마음을 다해 집중해 보십시오. 하나님이 창세기를 통해서 우리에게 들려주시고 싶은 음성들이 나타날 것입니다. 창세기는 성경의 첫 번째 책입니다. 창세기는 성경 전체를 여는 열쇠와 같은 의미를 갖습니다.

무슨 책이든지 서론이 있고 설명이 있기 마련입니다. 하지만 창세기의 시작은 서론이 없고 단지 선언이 있습니다.

> 태초에 하나님이 천지를 창조하시니라(창 1:1).

정말 놀랍고, 신비스럽고, 권세 있는 말씀입니다. 여기에는 설명도, 변명도, 논리의 전개도, 설득도 없습니다. 엄청난 진리에 대한 선포가 있을 뿐입니다. 창세기는 사람의 이성과 합리성에 호소하지 않습니다. 수식어가 없다는 사실이 이 점을 증명합니다.

그러나 단순하게 사실만 선포하고 있지는 않습니다. 여기에는 천지를 창조하신 하나님에 대한 사랑과 고백과 신뢰가 곁들어 있습니다. 창세기 1장 1절을 좀 더 의미 있게 해석하면, "태초에 하나님이 천지를 창조하셨다는 사실을 알리고 선포한다"라고 할 수도 있고, "태초에 하나님이 천지를 창조하셨다는 사실을 나는 믿고 고백한다"라고 할 수도 있습니다.

하나님이 천지를 창조하셨다는 사실을 선포하고 믿는다면 더 이상 믿지 못할 것이 없고, 의심할 부분이 없을 것입니다. 창세기 1장 1절보다 더 큰 기적이 어디 있겠습니까.

창세기 1장 1절 말씀의 핵심을 찾으려면 몇 단어를 하나씩 줄여 보면 알 수 있습니다. 먼저, 창세기 1장 1절 말씀에서 '태초에'라는 단어를 빼면 "하나님이 천지를 창조하시니라"가 남습니다. 다시 이 말씀에서 '천지를'이라는 단어를 빼면 "하나님이 창조하시니라"가 남습니다. 이 말씀을 좀 더 압축시켜 '창조하시니라'라는 말을 빼 보면 무엇이 남습니까? "하나님"만 남습니다. 결국 이 말씀의 핵심 단어는 '태초'도 아니고, '천지'도 아니고, '창조'도 아니고, '하나님'이라는 사실을 알게 됩니다.

우주 만물의 중심은 하나님이시며, 인생의 중심도 하나님이십니다. 창세기의 시작처럼 이렇게 큰 소리로 고백해 보십시오. "나는 태초에 하나님이 우주 만물을 만드시고 나를 창조하신 것을 믿고 선포합니다." 그러면 놀랍게도 창세기의 엄청난 세계가 눈앞에 전개될 것입니다. 창세기는 논쟁을 하거나 세미나를 하고자 만들어진 교과서가 아닙니다. 만일 그렇게 대하면 창세기는 따지고 연구할수록 닫힌 책이 될 것이며, 아무리 두드려도 열리지 않는 책이 될 것입니다.

창세기 1장 1절은 하나님에 대해서 특이한 접근을 합니다. 하나님이 누구시며, 어떤 분이시며, 하나님의 본질은 무엇인지에 대해서 침묵하고 있습니다. 그리고 하나님은 누가 만들었는지에 대해서 한마디도 말하고 있지 않습니다. 창세기에는 오로지 하나님의 창조에 대한 선포가 있을 뿐입니다. 이것이 창세기의 시작입니다.

내 삶의 주어는 '하나님'

창세기 1장 1절의 주어가 '나'가 아니라 '하나님'이라는 사실은 주목할 만합니다. 많은 사람이 인생의 주인은 '나'라고 생각합니다. 그래서 내가 생각하고, 내가 말하고, 내가 행동하고, 내가 결정합니다. 내가 하면 모든 일이 잘되고 행복하리라고 생각하기 때문입니다. 그러나 사실은 정반대입니다. 내가 주인이 되면 모든 불행이 시작됩니다.

창세기 1장 1절은 우주 만물을 창조한 존재는 인간이 아니라 하나님이시라고 말합니다. 하나님이 중심이요, 축이 되면 아무런 갈등이나 부딪침이 없습니다. 인간의 문제는 하나님 중심의 축을 인간 중심으로 바꾼 데서 시작됩니다.

최초의 인간인 아담과 하와는 사탄에게 "선악과를 먹으면 하나님처럼 될 것이다"라는 말로 유혹을 받았습니다. 그 후 인간에게는 하나님의 자리를 차지하려는 마음이 생겼습니다. 인간 최대의 유혹은 신이 되려는 데 있습니다. 인간은 조금이라도 권력을 가지게 되거나, 높은 위치에 있게 되거나, 남보다 돈을 많이 가졌거나, 똑똑하다는 말을 들으면 우쭐해지고 다른 사람을 지배하려 합니다. 이런 현상들이 신이 되려는 유혹입니다.

이는 누군가를 종으로 만드는 지배욕으로 나타납니다. 그래서 인간이 좋아하는 말이 '정복'이요, 되고 싶은 이상이 '영웅'입니다. 인간은 끊임없이 정상을 차지하고 싶은 야망에 불타고 있습니다.

땅을 정복하고, 나라를 빼앗고, 사람을 노예화합니다.

또 다른 측면에서, 인간이 가진 가장 위험한 사상 중 하나는 '휴머니즘', 즉 인본주의입니다. 인간 중심의 사상을 의미합니다. 물론 인권은 중요합니다. 우리는 인권을 존중하고 지켜 주어야 합니다. 인권이 보장받는 나라가 선진국인 것도 사실입니다. 그러나 인권이 지나치게 강조되면 하나님의 자리가 없어진다는 사실을 알아야 합니다.

어두움이 빛을 싫어하듯, 불의한 사람은 의로운 사람을 싫어합니다. 정의로운 사람 옆에 있으면 자기의 불의가 비교되고 드러나기 때문입니다. 마찬가지로 죄인은 하나님을 환영하지 않습니다. 하나님을 몰아내려고 합니다. 그는 자신의 불의 때문에 하나님을 인정하려 하지 않습니다. 하나님이 계시면 불편하기 때문입니다.

성경은 빛이 왔으되 어두움이 영접하지 않았다고 말합니다(요 1:4-14). 빛이신 예수 그리스도가 오셨지만 아무도 환영하지 않았습니다. 세상은 캄캄한 어두움이었기 때문입니다. 사람들은 하나님을 신뢰하기를 거부하고, 심지어 존재 자체를 부인하기까지 합니다. 하나님이 없다고 말하고 나와 무슨 상관있느냐고 대듭니다. 이런 모습에 대해 시편은 이렇게 말합니다.

> 어리석은 자는 그의 마음에 이르기를 하나님이 없다 하는도다 그들은 부패하고 그 행실이 가증하니 선을 행하는 자가 없도다(시 14:1).

어찌하여 이방 나라들이 분노하며 민족들이 헛된 일을 꾸미는가 세상의 군왕들이 나서며 관원들이 서로 꾀하여 여호와와 그의 기름 부음 받은 자를 대적하며 우리가 그들의 맨 것을 끊고 그의 결박을 벗어 버리자 하는도다 하늘에 계신 이가 웃으심이여 주께서 그들을 비웃으시리로다(시 2:1-4).

잠언 말씀처럼, 하나님을 경외하는 것이 지혜의 근본입니다(잠 9:10). 하나님을 신뢰하십시오. 하나님을 거부하지 마십시오. 하나님을 주인으로 모시고 하나님이 나의 인생에 들어오셔서 주인의 자리에 앉으시게 하십시오. 이것이 인생의 진정한 행복입니다. 하나님을 섬기고, 찬양하고, 경배하는 것이 인생의 본분입니다. 창세기 1장 1절 말씀처럼 하나님의 창조의 위대함을 인정하고 찬양하십시오.

다시 한 번 언급하지만, 결코 하나님과 논쟁하지 마십시오. 하나님은 지식이나 연구의 대상이 아니십니다. 하나님은 우리가 경배하고 찬양할 분이십니다. 무릎을 꿇고 하나님의 위대하심과 영원하심과 거룩하심을 찬양하십시오. 그때 하나님의 거룩과 능력이 우리에게 나타나기 시작합니다. 하나님은 성경 곳곳에서 "너희는 내게로 돌아오라 … 그리하면 내가 너희에게로 돌아가리라"(슥 1:3)라고 말씀하고 계십니다. 또한 성경은 "하나님을 가까이하라 그리하면 너희를 가까이하시리라"(약 4:8), "우리가 여호와를 알자 힘써 여호와를 알자"(호 6:3)라고 말합니다.

요한계시록 4장 8절에는 네 생물이 나옵니다. 네 생물은 각각 여섯 날개를 가졌고 그 안과 주위에는 눈들이 가득했습니다. 그들은 밤낮 쉬지 않고 "거룩하다 거룩하다 거룩하다 주 하나님 곧 전능하신 이여 전에도 계셨고 이제도 계시고 장차 오실 이시라"라고 찬양했습니다. 이 생물들만 찬양한 것이 아니라 그 옆에 있던 24명의 장로들도 보좌에 앉으신 분 앞에 엎드려 세세토록 살아 계시는 분께 경배하고 자기의 면류관을 보좌 앞에 드리며 찬양했습니다.

> 우리 주 하나님이여 영광과 존귀와 권능을 받으시는 것이 합당하오니(계 4:11).

하나님은 예배받기 합당하신 분이요, 영광과 존귀와 찬양을 받으실 분입니다. 영광과 존귀와 찬양을 하나님께 돌려 드리는 것이 참 예배입니다.

뿐만 아니라 요한계시록 7장 9절에서는 각 나라와 족속과 백성과 방언에서 아무도 능히 셀 수 없는 큰 무리가 나와 흰 옷을 입고 손에 종려 가지를 들고 보좌 앞과 어린양 앞에 서서 큰 소리로 외쳐 찬양하며 경배하는 놀라운 광경을 볼 수 있습니다.

> 구원하심이 보좌에 앉으신 우리 하나님과 어린양에게 있도다(계 7:10).

존귀와 영광을 받기에 합당하신 하나님을 선포하고, 그 하나님의 이름을 높이고, 그 하나님의 영광 앞에 우리가 서 있다는 사실을 선언하는 말씀이 창세기 1장 1절입니다. 이것이 창세기의 시작입니다.

문제를 만나면 하나님께로 돌아가야 한다

창세기 1장 1절에서 우리는 몇 가지 사실을 더 배울 수 있습니다.

첫째, '태초에'라는 말에서 하나님은 시간을 만드신 분이며 시간의 주인이시라는 사실을 알게 됩니다. '태초에'라는 말은 '시간이 시작된 바로 그 순간'이라는 의미입니다. 시간이 있다는 말은 곧 공간이 있다는 말입니다. 공간 없는 시간은 없고, 시간 없는 공간도 없습니다. 하나님이 인류의 역사에 시간과 공간을 주셨습니다.

인간은 시간 속에서 살지만 그 시간은 인간의 소유가 아닙니다. 단지 인간은 하나님으로부터 시간을 빌려 쓰고 있을 뿐입니다. 그래서 시간을 아끼고 소중하게 써야 합니다. 시간과 공간을 하나님과 함께 사용하면 '하나님의 역사'가 됩니다. 이런 의미에서 성경의 역사는 일반 역사와 다릅니다.

하나님 없이 만들어진 역사는 단지 '인간의 역사'에 불과합니다. 그것은 덧없이 흘러가는 세상의 역사일 뿐입니다. 하나님의 역사는 황홀하고, 의미가 있고, 보람이 있고, 축복이 있습니다. 반면, 세상의 역사는 무의미하고, 고통스럽고, 지루합니다. 인간의 시간이 하나님의 시간 안에 있어야 하는 이유가 여기 있습니다. 그리고 인간이 존재하는 공간도 하나님의 공간 안에 있어야 합니다. 이것이 구원받은 시간이요, 구원받은 장소입니다.

인간을 이해하는 데는 시간이라는 요소가 중요합니다. 어떻게 시간을 사용하느냐가 중요하다는 뜻입니다. 인간 이해는 곧 시간 이해라 할 수 있습니다. 시편 90편 10절 말씀대로, 하나님은 우리에게 70, 혹시 강건하면 80년의 생애를 주셨습니다. 그러나 이 시간은 우리의 것이 아니라 하나님의 것입니다.

우리는 시간을 잘 써야 합니다. 물론 우리가 속해 있는 공간도 잘 사용해야 합니다. 시간을 잘 쓰지 못하거나 공간을 잘못 사용하는 사람은 망하게 되어 있습니다. 하나님이 주신 시간과 공간을 사탄에게 내준 사람들은 멸망을 받게 될 것입니다. 그러나 그 시간과 공간을 하나님을 위해 쓰고 선용한 사람은 축복을 받게 됩니다.

> 세월을 아끼라 때가 악하니라 … 술 취하지 말라 이는 방탕한 것이니 오직 성령으로 충만함을 받으라(엡 5:16, 18).

여기서 '시간(세월)을 아끼라'라는 말은 '시간을 구원하라'는 말입니다. 시간은 단순히 흘러가는 것이 아니라, 만들어 가는 것입니다. 같은 시간이라도 어떤 사람에게는 영광스러운 시간이요 축복된 시간이지만, 어떤 사람에게는 지루하고 파멸의 시간입니다. 같은 시간이지만 어떻게 쓰이느냐, 또는 누가 잡느냐에 따라서 달라지는 것입니다. 공간의 경우도 마찬가지입니다. 그 공간에 누가 있느냐가 중요하고, 누구와 함께 있느냐가 중요합니다.

인생의 생사화복은 하나님 손에 달려 있습니다. 내게 있는 것이 아닙니다. 시간의 주인이 '나'라면 인간은 모두 죽지 않고 살았어야 했습니다. 시간은 우리의 것이 아닙니다. 하나님이 주신 선물입니다. 우리의 시간이 하나님의 시간과 접붙여질 때 그 시간이 하나님의 시간으로 들어가게 됩니다. 그 하나님의 시간을 가리켜 '영생'이라고 말합니다. 예수 그리스도를 믿는 자마다 영생 가운데 거하게 됩니다. 우리의 시간이 구원받는 것입니다.

둘째, '하나님이 천지를 창조하셨다'는 사실은 하나님이 우주 만물과 인생을 지으셨을 뿐 아니라 그 소유권도 하나님께 있다는 것을 말합니다. 모든 만물의 주인도, 우리 인생의 주인도 하나님이십니다. 하나님이 모든 것을 소유하고 계십니다. 인간에게는 소유권이 없습니다. 우리의 인생에 갈등이 있는 이유는 소유권이 자신에게 있다고 생각하기 때문입니다. 우리는 땅 문서가 자기 이름으로 되어 있기 때문에 자신의 것으로 여깁니다. 그러나 죽을 때 모두 놓고 가야 합니다. 땅 문서도, 기업도, 반지도 다 놓고 가야 합니다. 왜냐하면 우리 것이 아니기 때문입니다.

우리에게 있는 것은 소유권이 아니라 위탁권입니다. 하나님이 하나님의 것을 우리에게 빌려주신 것입니다. 그러니 끝날 때 잘 돌려 드리십시오. 어떤 사람은 빌리고 나서 영원히 주지 않으려 애를 씁니다. 반드시 기억하십시오. 물질도, 시간도, 건강도 하나님이 주신 것입니다. 우리 인생도 하나님이 주신 것입니다. 하나님을 찬양하고, 하나님께 영광 돌리고, 하나님의 이름을 높여 드리십시오. 그때 하나님이 더 놀라운 축복을 베푸실 것입니다.

셋째, '창조'라는 말은 없는 데서 있는 것으로 만들었다는 뜻입니다. 사람이 할 수 있는 일은 있는 데서 있는 것을 발견하는 것뿐입니다. 하나님이 우주 만물을 소유하고 계신 것에 비하면 우리 인간이 소유하고 있는 돈이나 권력, 젊음은 모두 아무것도 아닙니다. 하나님이 비웃으십니다. 인간의 법칙은 만들어 낸 것이 아니라 발견한 것뿐입니다. 그래서 영광과 존귀와 찬양은 오직 하나님께 돌려야 합니다.

우리의 삶 가운데 문제가 생기면 어떻게 해야 합니까? 하나님께로 돌아가야 합니다. 기계가 고장났을 때는 기계를 만든 사람에게 가져가면 금방 고칠 수 있습니다. 우리의 문제는 인간을 만드신 하나님께 가면 바로 해결됩니다. 하나님께로 돌아가십시오. 하나님을 신뢰하십시오. 하나님의 이름을 높여 드리십시오. 그때 우리를 만드신 하나님이 우리의 문제를 해결해 주실 것입니다.

넷째, '창조'라는 말에는 또 하나의 뜻이 있습니다. '창조'란 만든 것을 통치하고, 다스리고, 관리하고, 유지하고, 보수하는 것을 의미합니다. 이것은 마치 아이를 낳기만 하고 부모 역할을 다 했다며 떠나는 부모가 없는 것과 같습니다. 아이를 낳는 순간, 부모의 눈은 반짝이고 아이를 돌보기 시작합니다. 기저귀를 갈아 주고, 젖을 먹이고, 병이 나면 걱정하고, 자라면 학교에 보냅니다. 우리를 창조하셔서 세상에 보내셨을 뿐만 아니라 관리하시고, 통치하시고, 끝까지 지켜 주시는 하나님을 신뢰하십시오. 그러면 하나님이 우리를 친히 통치하고 다스리십니다.

만약 우리가 하나님을 믿지 않고 그분의 통치를 받지 않으면 하나님이 우리를 도와주시고 싶어도 도우실 수가 없습니다. 우리가 거부하기 때문입니다. 그러나 태양을 부인한다고 해서 태양이 없어지지 않습니다. 자신만 지하실로 갈 뿐입니다. 하나님을 거부한다고 하나님이 없어지시지 않습니다. 다만 하나님의 축복을 받지 못할 뿐입니다. 태양을 인정하십시오. 지하실에서 나와 밝은 태양 앞으로 나오십시오. 마찬가지로 하나님께로 걸어 나오십시오. 하나님을 향해 가슴을 열고 그분의 이름을 찬양하기 시작하십시오. 그때 하나님의 축복이 우리에게 쏟아질 것입니다.

창조에 있어서 깊이 생각할 부분 중 다섯째는 하나님이 천지를 창조하시고 인간을 만드셨지만, 그 창조의 과정 중에 성령이 함께 계셨다는 것입니다. 따라서 우리가 성령을 만나면 창조의 신비를 경험하게 됩니다. 성령 세례를 받으십시오. 성령의 인 치심을 받으십시오. 성령 충만을 받으십시오. 그때 하나님의 능력을 몸으로 느끼기 시작합니다. 하나님의 창조의 신묘막측함을 내 안에서 느끼기 시작합니다.

> 만물이 그에게서 창조되되 하늘과 땅에서 보이는 것들과 보이지 않는 것들과 혹은 왕권들이나 주권들이나 통치자들이나 권세들이나 만물이 다 그로 말미암고 그를 위하여 창조되었고 또한 그가 만물보다 먼저 계시고 만물이 그 안에 함께 섰느니라(골 1:16-17).

하나님이 우주를 창조하셨을 때, 시간을 만드신 그때에 예수님도 함께 계셨다는 것입니다. 그래서 천지 창조의 원리는 예수님을 영접해야 이해할 수 있습니다. 예수님을 믿고 예수님을 만나야 합니다. 예수님 안에 계신 창조의 하나님, 즉 우주를 만드시고 신묘막측하게 우리를 지으신 하나님의 오묘한 신비 가운데로 들어가야 하는 것입니다. 성령 충만하십시오. 예수 그리스도를 영접하십시오. 그때 이 놀라운 일들을 경험하게 될 것입니다.

창세기는 이렇게 시작합니다. "태초에 하나님이 천지를 창조하신 것을 믿습니다. 나는 이것을 선포합니다. 나는 살아 계신 하나님의 이름을 높여 드립니다." 우리에게 이 고백이 있을 때 창세기가 열리기 시작합니다. 모든 논쟁과 의심이 사라지고, 창세기 안에 하나님의 구원과 축복이 있다는 사실을 발견하게 될 것입니다. 이것이 창세기의 서론입니다.

우리가 어렸을 때 종종 했던 질문을 드리겠습니다. 혹 자녀들이 이 질문을 던졌을지 모르겠습니다. "하나님이 인간을 만드셨다면, 하나님은 누가 만들었는가?", "하나님은 남자일까, 여자일까?"

이 질문의 답은 이렇습니다. 만일 하나님이 만들어지셨다면 하나님이 아니라 단지 피조물일 뿐입니다. 피조물은 만들어진 것이고, 창조자는 만들어지지 않습니다. 하나님은 누가 만들지 않았습니다. 하나님이 창조자이신 것입니다. 하나님은 영원 전에 계셨고, 영원 후에도 계십니다. 그래서 그분은 하나님이십니다.

또한 하나님은 남자나 여자가 아니십니다. 하나님은 남자와 여자를 만드셨습니다. 하나님 안에는 남자와 여자가 다 있습니다. 그분은 부분이 아니라 전부이십니다. 알파와 오메가이십니다. 하나님은 존귀와 영광을 받기에 합당하신 분입니다. 그 하나님은 우리를 사랑하시는 분입니다. 하나님은 죽은 관념이나 철학이 아니십니다. 오늘 우리가 기도하면 응답해 주시는 분입니다.

태초에 하나님이 천지를 창조하셨음을 믿고 선포하십시오. 이 믿음을 가지고 앞으로 펼쳐질 창세기 여행을 시작하기 바랍니다.

2

성령이여,
죽은 내 영혼을 살리소서

창세기 1:2

창조 앞에 우리가 할 말은 감탄사뿐

성경은 지식이나 정보나 교훈을 주기 위해 쓰인 교과서가 아닙니다. 성경은 우리에게 구원을 주는 책입니다. 성경은 하나님이 우리에게 직접 주신 책으로, 감격과 기쁨과 축복을 줍니다. 따라서 창세기 1장 1절은 설명이 아니라 "태초에 하나님이 천지를 창조하시니라"라는 선언으로 시작합니다.

이 말씀을 가지고 따지고 논쟁하면 하나님이 보이지 않습니다. 하나님은 논쟁의 대상이 아니시기 때문에 더욱 그렇습니다. 하나님은 예배의 대상이십니다. 그러므로 우리가 하나님을 경배하면 하나님이 보입니다. 하나님께 나아가 무릎 꿇고 기도하며 찬양하고 죄를 고백할 때 창조주 하나님이 우리에게 다가오십니다.

창세기 1장 1절은 태초에 하나님이 천지를 창조하셨음을 믿고 고백할 것을 선언합니다. 이런 믿음을 가지고 나아가는 자에게 비로소 창세기의 문이 열립니다. 창세기가 자신을 공개하기 시작하는 것입니다.

창세기는 하나님이 천지를 창조하셨다는 웅장한 선언을 한 후 다음 말로 창조를 설명합니다.

땅이 혼돈하고 공허하며 흑암이 깊음 위에 있고 하나님의 영은 수면 위에 운행하시니라(창 1:2).

창세기에 잘못 발을 들여놓으면 논쟁으로 끝나고 맙니다. "이 사실들은 과학적이다", "아니다. 진화론이 맞다" 하는 식으로 쟁론하게 되면 창세기의 진정한 의미는 발견할 수 없게 됩니다.

하나님이 태초에 천지를 창조하셨다면, 구체적으로 어떤 방법으로 만드셨는가에 대한 말씀이 있어야 할 것입니다. 그러나 우리의 기대와 달리 2절은 "땅이 혼돈하고 공허하며 흑암이 깊음 위에 있고 하나님의 영은 수면 위에 운행하시니라"라고 말합니다.

여기서 우리는 놀라운 사실 하나를 발견하게 됩니다. 성령 하나님이 창조의 무대에 주인공으로 나오셨다는 사실입니다. 하나님이 천지를 창조하실 때 하나님 혼자 일하시지 않았음을 보게 됩니다. 성부와 성자와 성령, 세 분이 함께 일하셨습니다. 그래서 하나님을 말할 때 '엘로힘'(Elohim)이라는 복수형을 씁니다. 즉 하나님을 가리켜 '하나님의 사회'라고 말합니다. 하나님이 인류에게 사회를 주신 이유도 하나님이 사회 속에 계시기 때문입니다. 골로새서 1장 17절을 보면, 예수님도 창조의 현장에 계셨음을 알 수 있습니다.

또한 그가 만물보다 먼저 계시고 만물이 그 안에 함께 섰느니라(골 1:17).

창세기에서는 예수 그리스도가 천지를 창조하셨다고 직접 말하지 않지만, 골로새서에서는 바로 그분이 예수 그리스도셨다고 확실하게 말합니다. 그리스도는 창조 전에 계셨고, 창조 사역이 일어난 자리에 하나님과 함께 계셨습니다. 이처럼 성부 하나님과 성자 하나님만 아니라 성령 하나님도 천지 창조 사역에 직접 개입하셨습니다.

> 땅이 혼돈하고 공허하며 흑암이 깊음 위에 있고(창 1:2상).

여기서 '땅'은 지구를 의미하는데, 최초의 지구 상태가 3가지 특징으로 묘사되고 있습니다. '혼돈', '공허', '흑암'입니다. 우리가 사는 은하계는 수천억 개의 별들로 구성되어 있습니다. 인간의 계산법으로는 헤아릴 수 없고 한계를 알 수 없을 만큼 무한한 숫자입니다. 사실 하늘에 별이 얼마나 있는지는 하나님 외에는 아무도 모릅니다. 그것은 우리의 머리카락 수를 세려는 어리석음과 같을 것입니다.

과연 우주는 끝이나 한계가 있는 것일까요? 하나님이 지으신 우주는 인간의 상상력을 초월합니다.

안식년 때마다 제가 즐겨 하는 일은 하늘의 별을 보는 것입니다. 공기가 맑은 시골에서 밤하늘을 보면 수많은 별이 바로 제 머리 위로 떨어질 듯합니다. 그 많은 별을 하나님이 만드셨습니다. 이 창조의 위대함을 어찌 인간이 가지고 있는 과학의 잣대로 잴 수 있겠습니까. 어찌 과학의 잣대가 하나님의 창조보다 더 클 수 있겠습니까. 그래서 시편 8편에서 시편 기자는 이렇게 고백합니다.

> 여호와 우리 주여 주의 이름이 온 땅에 어찌 그리 아름다운지요 주의 영광이 하늘을 덮었나이다 주의 대적으로 말미암아 어린아이들과 젖먹이들의 입으로 권능을 세우심이여 이는 원수들과 보복자들을 잠잠하게 하려 하심이니이다 주의 손가락으로 만드신 주의 하늘과 주께서 베풀어 두신 달과 별들을 내가 보오니(시 8:1-3).

하나님의 창조 앞에서 우리 인간이 할 수 있는 말은 감탄사뿐입니다. 창조의 끝에는 감탄사가 있을 뿐입니다. 과학으로나 학문으로는 하나님의 창조를 다 설명할 수 없습니다. 따라서 우리는 하나님의 창조를 시로 표현하는 것입니다. 창조는 입술로 설명할 수도 없고, 마음으로 느낄 수도 없습니다.

성령이 지구를 감싸고 생명을 잉태하시다

무인 우주선을 쏘거나 사람이 탄 우주선을 달에 보내 찍어 온 달 표면 사진에는 아무 생명체도 없었습니다. 원자와 분자가 화학적으로 합성된 거대한 물체에 불과했습니다. 분화구 같은 것이 있었지만 생명체는 전혀 찾아볼 수 없는, 먼지만 쌓여 있는 곳이었습니다. 최근에는 과학이 좀 더 발달되어 탐사선을 화성, 토성, 목성까지 보내서 사진을 찍어 옵니다. 그러나 그곳 역시 마찬가지입니다.

생명은 빛과 물 같은 요소들이 있어야만 존재합니다. 그런데 창조 전 지구에는 다른 모든 별처럼 생명이 없었습니다. 물도, 빛도, 생명도 없는 하나의 거대한 물질이었습니다. 그래서 창세기 1장 2절은 지구의 모습을 '혼돈', '공허', '흑암'으로 설명하고 있습니다. '혼돈'을 너무 철학적으로 생각하지 마십시오. '카오스'니 '코스모스'니, 그 의미를 지나치게 심오하게 생각하다 보면 본래의 뜻이 사라집니다. 그저 혼돈이라고 생각하면 됩니다.

'혼돈'이라는 단어가 '공허'라는 말과 함께 있습니다. 영어로 설명하면 '형태가 없다'는 뜻입니다. 형태가 없기 때문에 질서가 없고 자연 물질 그대로 있는 것입니다. 지구의 최초의 모습은 달처럼 생명이 없이 물질만 있었습니다. 혼돈과 공허였습니다. 어두움만 있었습니다. 달을 상상해 보십시오. 밤이 되면 캄캄한 어두움이 달을 지배할 것입니다. 지구도 마찬가지였습니다.

저는 요즘 컴퓨터를 배우고 있습니다. 디스켓은 구입해서 바로 사용할 수 없습니다. 먼저 포맷을 해야만 입력할 수 있습니다. 포맷을 해야만 디스켓을 사용할 수 있는 것과 마찬가지로, 지구도 생명이 없을 때는 혼돈과 공허와 흑암이 깔려 있는 하나의 물질이었습니다.

흑암과 혼돈과 공허가 있는 달과 같은 지구에 '하나님의 영'이 찾아오셨습니다. 창세기 1장 2절 하반 절은 "하나님의 영은 수면 위에 운행하시니라"라고 말합니다. 성령이 찾아오셔서 지구를 감싸셨다는 의미입니다. 하나님의 영을 히브리어로 '루아흐'라고 하는데, 그 의미는 '바람'입니다. 또한 '숨', '호흡' 등의 의미가 있습니다. 그러므로 하나님의 생명, 하나님의 호흡이 공허하고 흑암과 혼돈이 있는 지구를 감싸고 있었던 것입니다.

하나님의 영이 운행하셨다고 말하는데, 여기서 '운행했다'는 말의 의미는 '움직였다', '흔들렸다', '진동했다'입니다. 곧 '하나님의 영이 운행하셨다'는 말은 영향력이나 기운을 물체 위에 내리쏟으셨다는 뜻입니다. 이 뜻을 조금 더 원어적으로 풀이해 보면, 암탉이 달걀을 품고 있는 것으로 이해할 수 있습니다. 암탉은 달걀을 그저 품고 있는 것이 아니라 일정한 온도를 유지하도록 굴리고 있습니다. 마찬가지로 성령이 지구를 품으시고 하나님의 생명을 집어넣으셨습니다. 바로 이것이 창조입니다.

그런데 생명은 어떻게 주어집니까? 생명 있는 것만이 생명을 줄 수 있습니다. 생명은 생명으로부터 나옵니다. 고아원에서 자란 사람이 있다고 합시다. 그는 부모를 본 적 없이 외롭게 자랐기에 "나에게는 부모가 없다"고 말합니다. 그러나 실제 그에게 부모가 없는 것입니까? 없는 것이 아니라 잃어버린 것입니다. 그를 낳아 준 부모가 있습니다. 어떤 인간도 하늘에서 떨어지거나, 돌에서 태어나거나, 달걀에서 나오지 않았습니다. 인간은 인간에게서만 태어납니다. 예수님도 하나님이시지만 마리아의 몸에서 태어나셨습니다.

다시 우주 이야기로 돌아가겠습니다. 이 우주에 수천억 개의 별들이 있는데, 그중에서 생명이 있는 별은 오직 지구뿐입니다. 가까운 달이나 다른 별에는 왜 생명이 없을까요? 많은 사람이 외계인을 상상하기도 합니다. 그래서 미래에는 우주 전쟁이 있을 것이라면서 요즘 인기 있는 영화들의 주제로 삼고 있습니다. 그러나 아직도 우리는 어떤 위성에도 생명체가 있다는 말을 듣지 못하고 있습니다.

생명은 물이 있어야 존재합니다. 성경에 기록된 "수면 위에 운행하시니라"(창 1:2)라는 말과 "물과 물로 나뉘라"(창 1:6)라는 말씀을 기억하십시오. 그리고 이런 장면을 상상해 보십시오. 수많은 별 중에 하나님의 생명이 지구라는 별에 왔습니다. 그리고 성령이 지구 주위를 운행하십니다.

창세기는 논쟁이 아닌 믿음만을 필요로 합니다. 앞서 언급했듯이, 지구가 하나의 달걀이라고 생각할 때 암탉이 달걀을 품듯 성령이 지구를 품고 생명을 잉태하고 계신 것입니다. 이 얼마나 놀랍고, 신비롭고, 엄청난 사실입니까? 이것은 마치 생명이 어머니의 태에서 자라나는 것에 비유할 수 있을 것입니다. 수정된 지 몇 개월 되지 않아 아이의 심장이 뛰고 오장육부가 만들어지기 시작합니다. 뇌가 그 기능을 발휘하기 시작합니다.

좀 다른 이야기인데, 언젠가 낙태에 대해 열심히 공부한 적이 있습니다. 태아는 6개월이 지나면 완전한 사람의 형태를 갖춥니다. 완전한 생명체로서 산 사람과 똑같습니다. 그러므로 낙태는 분명히 살인입니다. 그런 의미에서 서양의 나이 계산법보다는 우리나라의 나이 계산법이 맞다고 봅니다. 서양에서 나이는 태어난 후부터 계산하지만 우리나라는 잉태되면서부터 계산하기 때문입니다.

아무튼 아이는 어머니의 배 속에서 숨 쉬면서 무럭무럭 자라다가 어느 날 이 땅에 태어납니다. 이것이 바로 창조입니다. 어머니가 어린 아기를 잉태하듯이 하나님의 영이 수면에 운행하신 것입니다. 그러다가 3절에서 하나님이 "빛이 있으라" 하실 때 아이가 "으앙" 하고 세상에 태어나듯이 빛이 있게 되었습니다.

성령을 느끼며 말씀을 듣고, 읽고, 묵상하라

창세기 1장 2절에서 몇 가지 더 깊은 진리를 묵상하게 됩니다.

첫째, 성령의 역사와 능력입니다. 거듭 강조하지만 창세기는 과학적으로, 합리적인 접근 방식으로 읽을 수 있는 책이 아닙니다. 천지 창조는 성령이 하셨습니다. 성령이 지구를 품고 생명을 불어 넣어 주셨기 때문에, 우주에 존재하는 어떤 별에도 생명이 없지만 지구에는 생명이 있는 것입니다. 그 생명은 하나님이 주신 것입니다.

성령은 곧 하나님이십니다. 하나님은 생명의 근원이십니다. 성령을 받는 자마다 생명을 받게 됩니다. 십자가에서 돌아가신 예수님도 성령의 생명의 영이 부활시키셨습니다. 우리 안에도 생명의 영이 들어가시면 죽었던 사람이 다시 살아나며, 죽은 영혼이 거듭나고 부활할 것입니다. 그분이 성령이십니다. 또한 그리스도의 영이 없으면 그리스도의 사람이 아니라고 성경은 말합니다(롬 8:9). 성령이 바로 그리스도이십니다. 성령이 바로 하나님 자신이십니다. 하나님의 생명이 성령 안에 있는 것입니다.

성령은 지혜와 계시의 영으로서 하나님을 알게 하시고(엡 1:17), 우리로 하여금 기도하게 하시며, 죽었던 우리를 살리시며, 기쁨과 감사와 감격이 넘치게 하시며, 살아 있고 행동하는 그리스도인이 되게 하십니다.

우리의 신앙이 미온적인 이유는 성령의 능력이 우리 안에 들어오지 않았기 때문입니다. 예수님은 부활 후 승천하시기 직전에 제자들에게 "예루살렘을 떠나지 말고 내게서 들은 바 아버지께서 약속하신 것을 기다리라"(행 1:4)고 말씀하셨습니다. 이처럼 우리에게도 성령이 들어오셔야 합니다. 창세기 1장 2절에서 혼돈과 공허와 흑암으로 가득 차 있던 지구에 성령이 임하심으로 생명력이 생기고 놀라운 창조의 역사가 일어났던 것처럼, 성령이 우리에게 임하시면 우리에게도 생명과 능력이 솟아납니다.

성령께 관심을 가지십시오. 성령을 마음속에 모시고, 성령의 창조의 능력을 현실에서 다시 발견할 수 있게 되기를 바랍니다. 오늘

날 대부분의 그리스도인들이 비참하게 살고 있습니다. '예수 믿는 것이 다 그렇고 그렇지 별것 있는가?' 하며 신앙을 자기 수준으로 끌어내립니다. 하나님도 자신과 비슷하실 것이라고 착각합니다. 우리는 잘못된 생각에서 벗어나야 합니다. 현재 내가 살고 있는 영적 삶의 수준이 신앙의 전부가 아닙니다. 내 신앙은 아주 밑바닥일 수도 있고, 아니면 아직 시작도 하지 않았을 수 있습니다.

하나님은 위대하신 분입니다. 따라서 성령과 생명은 결코 따분한 것이 아닙니다. 우리로 하여금 감사와 감격, 기쁨, 확신으로 가득 차게 합니다. 성령의 능력은 고난, 위기, 아픔, 실망, 심지어 죽음까지도 이겨 내게 합니다. 천지를 창조하신 하나님의 놀라운 능력이 이제 우리 가운데 나타나기를 바랍니다.

둘째, 성령과 말씀의 관계입니다. 창세기 1장 3절을 보면, 성령이 모든 것에 생명을 불어 넣어 주시는 모습을 볼 수 있습니다.

> 하나님이 이르시되 빛이 있으라 하시니 빛이 있었고(창 1:3).

'이르시되'라는 말은 '하나님이 말씀하셨다'는 뜻입니다. 성령이 운행하시고, 그다음에 "빛이 있으라"라는 말씀이 있었습니다. 우리가 성경을 읽고 설교를 들어도 능력과 기적과 감동이 없는 이유는 우리 안에 성령이 계시지 않기 때문입니다. 성령의 운행하심 없이 말하는 것은 인간의 말에 불과합니다.

여기서 신비스러운 두 가지 사실을 발견할 수 있는데, 성령이 운행하심으로 생명이 들어가고, 하나님이 "빛이 있으라" 말씀하시니 빛이 있었다는 사실입니다. 성경을 읽을 때마다 성령이 임하시는 기적이 일어나기를 바랍니다. 성령 없이 인간의 이성, 경험, 생각, 상식으로 하나님께 접근한다면 그것은 지식 이상 아무것도 아닙니다.

겸손하게 무릎 꿇고 성령을 받아들이고, 성령의 운행하심을 사모하고, 성령의 운행하심이 내 영혼을 감싸고 있음을 느끼면서 말씀을 듣고, 읽고, 묵상하십시오. 그때 하나님의 말씀이 "살아 있고 활력이 있어 좌우에 날 선 어떤 검보다도 예리하여 혼과 영과 및 관절과 골수를 찔러 쪼개기까지 하며 또 마음의 생각과 뜻을 판단"(히 4:12)하는 놀라운 역사가 일어납니다. 그때 귀신들이 떠나가고 능력이 나타나기 시작합니다. 성령의 운행을 통해 나를 변화시키시는 하나님의 능력이 나타나기 때문입니다.

여기서 '말씀'은 곧 예수 그리스도이십니다. 우리는 창세기 1장 1-3절에서 삼위일체 하나님을 발견하게 됩니다. 1절에서는 '하나님'을, 2절에서는 '성령님'을, 3절에서는 '예수님'을 발견합니다.

성령이 흑암과 공허와 혼돈 속에 있는 지구를 운행하심으로 말미암아 지구에 생명이 시작되었습니다. 하나님의 성령이 움직이실 때 말씀이 나왔습니다. 그리고 그 말씀이 능력이 되었습니다. 우리 모두에게 그 말씀과 성령이 충만하기를 간절히 바랍니다.

3

빛이신 주님 계신 내 인생은 아름답습니다

창세기 1:3-19

먼저, 하나님이 우리를 찾아오셨다

성경은 하나님이 천지를 창조하신 우주의 주인이시라는 선언으로부터 시작합니다. 그리고 태초에 하나님은 시간을 만들어 주셨습니다. 피조물인 우리에게 시간은 선물입니다. 그 시간이 영원하면 '영생'입니다. 물질도, 인간도 시간 안에 있습니다. 또한 하나님은 물질을 만드시고 그 물질을 둘 수 있는 공간도 만드셨습니다. 수천억 개의 별들이 마음대로 운행할 수 있는 공간을 만들어 주셨습니다. 이것이 창세기 1장 1절 말씀입니다.

창세기 1장 2절은 우리를 거대한 우주 공간에서 하나의 별, 지구로 인도해 줍니다. 하나님은 이 우주 공간에 수없이 많은 별들을 만드셨지만 오직 지구에만 생명을 주셨습니다. 성경은 지구가 달이나 토성과 목성처럼 생명이 없고 그저 하나의 물질로 있었을 때를 "땅이 혼돈하고 공허하며 흑암이 깊음 위에 있고"라고 표현했습니다.

지구는 아직 빛이 없었기 때문에 흑암 중에 있었고, 아무것도 없었기 때문에 공허했고, 아직 정리가 되지 않았기 때문에 혼돈했습니다. 다른 별들처럼 지구도 하나의 물질에 불과했던 것입니다. 그런데 이런 지구에 하나님이 사람과 다른 생명체들이 살 수 있는 땅을 만드셨고, 대기권과 물을 주셨으며, 대기 중 공기에 생명체가 살 수 있을 만큼 적당량의 산소를 부어 주셨습니다. 인간이 병들지 않고 영원히 살 수 있는 환경을 만들어 주신 것입니다. 성령이 바로 그 일을 하셨습니다.

창조 당시의 상황을 보면, 하나님이 사람과 식물과 동물을 창조하시기 전에 그들이 살 수 있는 환경을 먼저 만들어 주셨음을 알 수 있습니다. 하나님이 수천억 개의 별들 중 하나의 별, 지구에 관심을 가지시고 생명을 불어 넣어 주셨다는 사실은 참으로 놀랍고도 신비한 일입니다. 여태껏 인류는 다른 위성에도 생명이 있다는 보고를 받지 못하고 있습니다. 별의 숫자가 무한대인 것은 확인되었지만 생명은 지구에만 있는 것입니다.

또한 이 지구에 수십억의 인류가 있는데 왜 하필 우리가 예수님을 믿고 교회에 나오게 되었을까요? 이것은 수많은 별들 중에 하나의 별에 하나님이 생명을 주신 것처럼 놀라운 기적입니다. 우리가 예수님을 알게 되고, 교회에 나오고, 하나님의 자녀가 된 것은 축복 중에 축복입니다. 우리는 우리의 힘으로 하나님의 자녀가 된 것이 아닙니다. 내가 똑똑하고 잘났거나 기득권을 가져서 하나님을 믿은 것이 아니라 하나님이 믿게 해 주신 것입니다.

> 성령으로 아니하고는 누구든지 예수를 주시라 할 수 없느니라(고전 12:3하).

우리가 예수님을 믿기 전에 이미 성령이 우리 안에 오셔서 운행하셨다는 뜻입니다. 마치 하나님의 영이 흑암과 혼돈과 공허 속에 있는 땅에 오셔서 암탉이 달걀을 품듯이 운행하시며 이 지구에 인간이 살 수 있는 환경을 조성하신 것과 같이, 성령이 우리를 찾아 오셔서 예수 믿고 축복받는 자녀가 되도록 해 주셨습니다.

그러므로 창조의 원리와 나의 개인적 구원의 원리는 같습니다. 하나님은 성령을 미리 보내어 준비하시고 모든 역사를 일으켜 주셨습니다. 한국 땅에 선교사가 들어왔는데, 사실은 그전에 이미 중보 기도가 있었습니다. 그래서 무속으로 뒤덮여 있던 이 땅의 후손인 우리가 예수 그리스도를 믿게 되었고, 어둠의 자식으로 소망이 없던 우리가 이처럼 엄청난 축복을 받았습니다. 그 열매로 오늘날 우리가 하나님의 이름을 선포하고, 노래하고, 선전하는 복을 누리게 된 것입니다.

말씀하신 예수님은 지금도 말씀하신다

창세기 1장 1절은 천지 창조를 선언하고, 2절은 성령이 오셔서 운행하셨다고 말합니다. 이제 3절에 이르면 창조의 행위가 구체적으로 나타납니다.

> 하나님이 이르시되 빛이 있으라 하시니 빛이 있었고(창 1:3).

“빛이 있으라” 하고 하나님이 말씀하셨습니다. 이 빛에 대해 잘 설명하고 있는 성경 구절이 요한복음 1장 1-5절입니다. 이 말씀은 창세기 1장 3절의 중요한 주해라고도 할 수 있습니다.

> 태초에 말씀이 계시니라 이 말씀이 하나님과 함께 계셨으니 이 말씀은 곧 하나님이시니라 그가 태초에 하나님과 함께 계셨고 만물이 그로 말미암아 지은 바 되었으니 지은 것이 하나도 그가 없이는 된 것이 없느니라 그 안에 생명이 있었으니 이 생명은 사람들의 빛이라 빛이 어둠에 비치되 어둠이 깨닫지 못하더라(요 1:1-5).

여기에서 ‘말씀’은 무엇을 의미합니까?

> 말씀이 육신이 되어 우리 가운데 거하시매 우리가 그의 영광을 보니 아버지의 독생자의 영광이요 은혜와 진리가 충만하더라(요 1:14).

‘말씀’은 하나님과 함께 계셨으며, 원래 하나님이셨는데 인간의 몸을 입고 세상에 오셨다고 성경은 말합니다. 그리고 그 ‘말씀’은 예수 그리스도시라고 합니다. 하나님의 말씀이 육신이 되어 예수 그리스도로 우리 가운데 오셨고, 그 안에는 하나님의 영광이 있었다고 말합니다.

‘영광’은 하나님의 빛이라고 할 수 있을 뿐 달리 설명할 방법이 없습니다. 하나님은 물질이 아니라 영이시기 때문입니다. 하나님이 임재하시면 빛 같은 하나님의 영광이 임합니다. 그 하나님의 영광의 광채가 바로 예수 그리스도께 임했습니다. 그러므로 누구든지 예수 그리스도를 영접하면 하나님의 영광을 경험하게 됩니다. 예수 그리스도를 영접한 사람에게는 하나님의 은혜로 충만하신 예수 그리스도의 모습이 동일하게 임합니다.

요한복음 1장을 읽어 보면 알 수 있듯이, '말씀'은 예수 그리스도이십니다. 예수님 안에는 하나님의 생명이 있습니다. 왜냐하면 예수님은 하나님의 독생자이시기 때문입니다. 예수님은 말씀의 형태로 존재하십니다. 이 생명 안에 빛이 있습니다. 이 빛은 사람들에게 비추어졌습니다. 생명의 빛이신 예수 그리스도가 세상에 오셨지만 사람들은 알아보지 못했습니다. 그분을 거부하고 결국에는 십자가에 못 박았습니다. 이 묵상을 통해 창세기 1장 3절을 보면 말씀이 새롭게 보이기 시작합니다.

> 하나님이 이르시되(창 1:3상).

말씀하신 하나님은 바로 예수 그리스도셨습니다. 누구든지 예수님을 만나면 말씀을 알게 되고 그 가운데 거하게 됩니다. 누구든지 예수 그리스도를 믿고 만나면 영원한 하나님의 생명 안에 들어가게 되고, 그 영원 안에 있는 빛을 경험하고 하나님의 사랑을 체험하게 됩니다. 이 사실을 모두 함축한 말이 바로 3절, "하나님이 이르시되"입니다. 성부 하나님, 성령 하나님, 성자 하나님을 통해 이 우주의 창조가 시작되었다는 뜻입니다.

또한 3절에서 우리가 알 수 있는 사실은 하나님은 침묵하시지 않고 말씀하시는 분이라는 것입니다. 하나님의 말씀하시는 입이 우리의 입과 동일한 모습이 아닐 수도 있습니다. 그러나 우리가 말하는 입을 가지고 있다는 사실은 하나님도 말씀하시는 분이라는 것을 알게 합니다. 만일 하나님께 말씀하신다는 개념이 없다면 하나님이 우리의 입을 만드시지 않았을 것입니다.

하나님이 우리의 귀를 만드신 것을 보면 하나님은 들으시는 분입니다. 우리의 눈을 만드신 것을 보면 하나님은 보시는 분입니다. 하나님은 우리와 같은 육신을 입으신 분은 아니지만 들으시고, 말씀하시고, 보시는 분입니다. 하나님은 우리의 형편을 보시고, 우리의 기도를 들으시고, 우리가 어렵고 힘들 때 격려의 말씀을 주시고 축복하시는 하나님이십니다.

또한 우리의 가슴을 만드신 하나님은 역시 따뜻한 가슴을 가진 사랑의 하나님이십니다. 하나님은 어떤 개념이나 이론이 아닙니다. 철학이나 신학이 아닙니다. 하나님은 살아 계신 실체로서 말씀하시고, 보시고, 들으십니다.

하나님은 말씀으로 천지를 창조하셨습니다. 우리가 알게 되는 새로운 사실은 '말씀은 창조의 능력을 가지고 있다'는 것입니다.

바로 그분이 예수 그리스도이십니다. 그 말씀의 능력이 성경에 있습니다. 말씀 앞에 서 있는 자마다 하나님의 놀라운 창조의 능력과 지혜와 영감을 얻을 것입니다. 말씀의 거룩함을 깨닫게 될 것입니다.

"하나님이 이르시되"라는 말씀에서 '말'은 인간의 단순한 의사 전달이나 대화의 수단으로서의 말이 아닙니다. '로고스'이신 예수 그리스도를 말합니다. 우리 모두가 그 말씀 안에 거하기를 바랍니다. 말씀의 사람들이 되기를 원합니다.

예수 그리스도는 내게 빛이시다

창세기 1장 3절이 말하는 빛에 대해 우리는 자연과학적인 빛만 생각합니다. 우리가 흔히 말하는 빛은 태양입니다. 태양이 없다면 빛도 없다고 생각합니다. 아니면 발전소를 통해서 빛을 만들어 쓰고 있는 전기를 생각합니다. 그러나 과학이 발달하면서 인간의 눈에 보이지 않는 빛이 있다는 사실이 발견되었습니다. 바로 적외선과 자외선입니다. 뿐만 아니라 아직 우리가 보지 못한 수많은 종류의 빛이 존재합니다.

그러나 창세기 1장 3절이 말하는 빛은 이런 빛들이 아닙니다. 왜냐하면 하늘의 별과 달과 발광체들은 하나님이 첫째 날이 아니라 넷째 날에 만드셨기 때문입니다.

어마어마한 우주 공간에 하나님이 전등불 하나 달아 놓으신 것이 태양입니다. 지구에 생명을 주시고 태양을 전깃불처럼 사용하신 것입니다. 태양은 빛이 있습니다. 빛이 있는 곳에는 항상 그림자가 생기기 마련입니다. 그래서 태양이 비칠 때 어떤 물질로 차단하면 차단된 자리에 그림자가 나타납니다. 태양이 나를 비치면 내 뒤에 그림자가 생기는 것입니다.

이것이 바로 동양에서 말하는 '음양설'입니다. 음양 이론으로 우주를 설명할 수 있습니다. 그러나 하나님은 설명할 수 없습니다. 왜냐하면 하나님은 음이나 양이 아니시고, 빛과 그림자도 아니시기 때문입니다. 태양에는 음양의 이론이 있습니다. 그러나 하나님은 빛 자체이시기 때문에 그림자가 없습니다. 또한 하나님의 빛은 막을 자가 없습니다. 태양빛은 굴속에 들어가면 막을 수 있습니다. 그러나 굴속에서도, 바닷속에서도, 우주 끝에서도 하나님의 빛을 막을 자는 없습니다.

따라서 태양의 빛과 창세기 1장 3절의 빛은 분명히 다릅니다. 이 빛의 근원은 예수 그리스도이십니다. 하나님이 예수 그리스도를 이 세상에 보내셔서 어둠에 살고 있는 우리를 구원하도록 하셨습니다. 놀라운 일 아닙니까!

태양을 중심으로 지구가 돌고, 지구를 중심으로 달이 돌기 때문에 낮과 밤이 생깁니다. 태양이 비치지 않는 곳을 '밤'이라 하고, 태양이 비치는 곳을 '낮'이라고 부릅니다. 여기에서부터 징조가 생깁니다. 아침에 해가 뜨고 저녁에 해가 집니다. 사계절이 존재합니다. 자전과 공전이 있기 때문에 24시간과 연수가 생기는 것입니다. 하나님은 인류를 위해 이렇게 아름다운 세계를 만들어 주셨습니다. 그리고 그 후에 인간을 만드셔서 온 우주 만물을 다스리며 살아가는 창조의 중심으로 세우셨습니다.

또한 창조의 하나님은 질서의 하나님이십니다. 첫째 날 빛을 만드시고, 넷째 날에는 빛을 낼 수 있는 발광체들을 만드셨습니다. 둘째 날 하늘과 바다를 만드시고, 다섯째 날에는 하늘에 있는 모든 것과 바다에 있어야 할 모든 것을 만드셨습니다. 그리고 셋째 날 땅을 만드시고, 여섯째 날에는 땅에서 살 수 있는 모든 동물과 식물을 만드셨습니다. 여기서 하나님이 빛과 하늘과 땅을 만드시고 그 후에 그곳을 채우신 것을 보게 됩니다. 참으로 오묘하지 않습니까? 그러고 나서 안식이 있었습니다. 이것이 바로 하나님이 제정하신 우주의 원리입니다.

하나님은 사람을 만드실 때 열심히 일하고 그다음에는 쉬도록 만드셨습니다. 6일 동안에는 세상에서 일하고, 제7일에는 하나님을 기억하도록 하신 것입니다. 그러므로 주일에도 일하는 사람들은 건강과 생활 리듬에 무리가 올 수 있다는 사실을 알아야 합니다. 또 사람은 밤에는 자고 낮에는 일하도록 창조되었습니다. 그런데 어떤 사람들은 밤에 일하고 낮에 잡니다. 직업상 어떻게 할 수 없는 사람들도 있겠지만, 가능하면 창조의 질서를 따라 일찍 자고 일찍 일어나도록 하십시오. 이것이 하나님의 질서를 따르는 길입니다. 창조의 원리를 다르게 바꾸어 놓는 것도 죄입니다. 그 죄로 말미암아 하나님이 만드신 우주의 생명체가 파괴됩니다. 이런 파괴가 환경오염을 불러옵니다.

우리는 창세기 1장 3절에 나오는 빛에 대해 좀 더 깊이 생각해 볼 필요가 있습니다. 이 말씀에 대한 해설이 고린도후서 4장 6절에 나옵니다.

> 어두운 데에 빛이 비치라 말씀하셨던 그 하나님께서 예수 그리스도의 얼굴에 있는 하나님의 영광을 아는 빛을 우리 마음에 비추셨느니라(고후 4:6).

빛의 창조 이전에는 어두움이 있었습니다. 그곳을 하나님의 영이 운행하셨습니다. 어두운 데에 빛이 비치라 말씀하셨던 하나님이 빛의 영광을 그 아들 예수 그리스도의 얼굴에 두셨고, 그 하나님의 영광을 아는 빛을 예수 그리스도를 믿는 우리에게도 주셨습니다. 인간에게서는 거룩과 영광의 경험이 나오지 않습니다. 그러나 예수 그리스도를 믿고 구원받은 사람들은 거룩과 성령과 하나님의 영광을 경험할 수 있습니다.

역대하 7장 1-3절을 보면, 솔로몬이 성전을 다 지은 후 기도를 마치자 하늘에서부터 불이 내려와서 제단에 있는 모든 번제물을 태웠고 하나님의 영광이 성전에 가득했습니다. 성전에 충만한 하나님의 영광 때문에 제사장들이 성전에 들어갈 수가 없었습니다. 영광은 곧 하나님의 빛입니다. 하나님은 육이 아니시기 때문에 빛으로 임하십니다.

하나님의 영광의 빛이 예수 그리스도를 아는 우리에게 충만하기를 바랍니다. 그때 어두움이 물러가고 질병이 떠날 것입니다. 악한 세력들은 하나님의 영광의 광채 앞에서 존재할 수 없습니다. 이 빛이 바로 하나님의 아들 예수 그리스도 안에 있습니다.

영광의 광채를 실제로 체험한 사람이 있습니다. 그는 바로 모세입니다. 하나님은 율법을 주시기 위해 모세를 시내산으로 부르셨습니다. 모세는 40일 밤낮을 하나님과 함께 있었습니다. 40일이 지나 모세가 십계명이 새겨진 돌 판을 들고 산에서 내려왔을 때 사람들은 모세의 얼굴을 쳐다보지 못했습니다. 모세의 얼굴에 하나님의 영광의 빛이 있었기 때문입니다. 그래서 모세는 얼굴에 수건을 써야만 했습니다(출 34:28-35).

기도하는 사람의 얼굴은 기도하지 않는 사람의 얼굴과 다릅니다. 기도하는 사람의 얼굴에는 하나님의 영광이 있기 때문에 그 얼굴에서 빛이 납니다. 예수님은 요한복음 8장 12절에서 "나는 세상의 빛이니 나를 따르는 자는 어둠에 다니지 아니하고 생명의 빛을 얻으리라"라고 말씀하셨습니다.

영광의 빛을 본 또 한 사람은 사도 바울입니다. 그는 예수 믿는 사람들을 잡아 죽이는 임무를 띠고 다메섹으로 가는 길에 한 빛을 만나게 되었습니다. 이처럼 주님은 우리에게 빛으로 오십니다. 어두움의 세력을 몰아내어 어두움의 생활을 청산하고 옛 습관들을 끊게 해 주시려고 빛으로 오셔서 역사하십니다. 바로 그 빛이 우리에게도 임하기를 바랍니다.

예수님의 빛의 모습은 요한계시록 1장 12-16절에도 나타나 있습니다.

> 몸을 돌이켜 나에게 말한 음성을 알아보려고 돌이킬 때에 일곱 금 촛대를 보았는데 촛대 사이에 인자 같은 이가 발에 끌리는 옷을 입고 가슴에 금띠를 띠고 그의 머리와 털의 희기가 흰 양털 같고 눈 같으며 그의 눈은 불꽃 같고 그의 발은 풀무불에 단련한 빛난 주석 같고 그의 음성은 많은 물 소리와 같으며 그의 오른손에 일곱 별이 있고 그의 입에서 좌우에 날 선 검이 나오고 그 얼굴은 해가 힘있게 비치는 것 같더라(계 1:12-16).

십자가에서 돌아가시고 사흘 만에 부활하신 예수 그리스도가 현재 하나님의 보좌 우편에서 이와 같은 모습으로 우리를 위해 기도하고 계심을 기억하십시오. 그리고 그분은 머지않아 이 세상을 심판하기 위해 세상에 다시 오실 것입니다.

개인적으로 창세기 1장에서 "하나님이 보시기에 좋았더라"라는 말씀이 참 좋습니다. 결혼한 남녀가 해산의 고통을 거쳐 낳은 아이를 품에 안을 때 그 부부는 "좋다"고 말할 것입니다. 하나님이 우리를 보실 때 바로 그런 심정을 가지실 것입니다. 그럴진대 우리 중에 누가 자살을 생각하거나 절망과 좌절 가운데 빠져 있을 수 있겠습니까? 절망이나 좌절은 분명 창조 질서에 역행하는 일입니다.

하나님이 우리를 보시고 "좋다" 하시는데 우리가 "난 죽을 테야"라고 말한다면 하나님의 마음이 어떠할까요? 시시하고 보잘것없는 일로 죽음을 거론하는 태도는 하나님의 위대한 창조의 능력과 신비를 거부하는 처사입니다. 행여나 자살을 생각해 본 적이 있다면 회개하기 바랍니다. 고민이 커 보이게 하는 것은 사탄의 역사입니다. 어떤 고민도 예수님의 십자가 앞에서 보면 하잘것없습니다. 십자가를 잊었기 때문에 분하고, 억울하고, 죽을 것 같은 절망감을 느끼는 것입니다.

예수 그리스도는 빛이십니다. 지구는 아름다운 곳입니다. 인생은 아름다운 것입니다. 하나님의 형상대로 지으심을 받은 존재가 인간입니다. 인간보다 더 영광스러운 존재는 없습니다. 하나님이 우리 존재를 기뻐하십니다.

4

창조 신앙으로 다시 살아납니다

창세기 1:6-23

'하나님이 이르시되' 그대로 되는 기적

태초에 하나님이 6일 동안 천지를 창조하셨습니다. 첫째 날 창조하신 것은 빛입니다. 하나님이 "빛이 있으라" 하시니 빛이 있었고, 그 빛은 하나님이 보시기에 좋았습니다. 둘째 날 하나님은 하늘을 창조하셨습니다. 성경에서는 '궁창'이라는 표현을 쓰고 있습니다.

태초에 하나님이 천지를 창조하실 때 땅이 혼돈하고 공허하며 흑암이 깊음 위에 있고 하나님의 영은 수면 위에 운행하셨습니다. 이때 하나님은 수천억 개 별들 중에 지구를 택하셔서 사람이 살 수 있도록 성령을 보내 주셨습니다. 달이나 화성에서는 사람이 살 수 없습니다. 하나님은 지구에 생명을 주시고 사람을 창조하기 위한 작업을 하셨습니다. 사람이 살 수 있는 땅, 바다, 공기 등의 환경을 만드신 것입니다. 성령이 수면 위에 운행하심으로 생명을 불어 넣으신 것입니다.

하나님은 언제나 준비하신 후 일을 하십니다. 첫째 날 빛을 만드시고, 넷째 날 해와 달과 별을 만드셨습니다. 빛을 내는 것들은 넷째 날에 만들어진 것입니다. 둘째 날에는 하늘을 만드시고, 다섯째 날 하늘을 나는 새들을 만드셨습니다. 그리고 셋째 날 땅과 바다를 만드시고, 여섯째 날 땅에서 사는 동물들을 만드셨습니다. 그런데 이 창조의 절정에 인간이 있습니다. 하나님은 인간으로 하여금 하나님이 창조하신 모든 우주 만물을 통치하고 관리하도록 책임을 맡기셨습니다. 이것이 우리에게 주어진 특권이요, 축복입니다.

이제 창세기 1장 6-8절을 통해 둘째 날 하나님이 어떻게 하늘, 즉 궁창을 만드셨는지 살펴보도록 하겠습니다.

> 하나님이 이르시되 물 가운데에 궁창이 있어 물과 물로 나뉘라 하시고 하나님이 궁창을 만드사 궁창 아래의 물과 궁창 위의 물로 나뉘게 하시니 그대로 되니라 하나님이 궁창을 하늘이라 부르시니라 저녁이 되고 아침이 되니 이는 둘째 날이니라(창 1:6-8).

이 말씀에서 발견할 수 있는 사실은 하나님은 빛을 창조하실 때처럼 하늘도 말씀으로 창조하셨다는 것입니다. 하나님이 "빛이 있으라" 하시니 빛이 생긴 것처럼, 하나님이 "궁창이 있으라" 하시니 궁창이 생겼습니다. 이렇게 하나님은 말씀으로 창조의 작업을 하셨습니다.

그런데 하나님이 "빛이 있으라" 하셨을 때 빛이 창조되는 시간은 얼마쯤 걸렸을까요? 하나님께는 시간이라는 개념이 없습니다. '눈 깜짝할 사이'라는 말도 통하지 않습니다. 말씀 자체가 바로 명령이요, 그 명령에 대한 반응입니다. 하나님이 "궁창이 있으라" 하시자 궁창이 생겼습니다. 이것이 하나님의 능력이요, 하나님의 창조의 방법입니다. 하나님이 이런 능력을 예수 그리스도를 구주로 믿고 영접한 사람 모두에게 부어 주신다는 사실을 알고 있습니까?

말씀은 창조의 능력입니다. 하나님은 입으로 말씀하셨을 뿐만 아니라 그 말씀을 기록하셨습니다. 우리가 성경을 중요하게 생각하는 이유가 여기 있습니다. 성경은 사람의 글이 아니라 하나님의 말씀입니다. 누구든지 하나님의 말씀을 믿고 순종하는 자에게는 성경에 기록된 모든 축복이 이루어질 것입니다. 하나님은 믿는 자에게 축복을 부어 주십니다. 누구든지 예수 그리스도를 믿는 자는 창조의 신비와 능력을 경험하게 됩니다.

"하나님이 이르시되 … 그대로 되니라"라는 말씀을 들으면 지나칠 수 없는 한 사람이 있습니다. 마태복음 8장에 나오는 백부장입니다. 백부장의 하인이 중풍병에 걸렸습니다. 고칠 방법이 없었습니다. 그러다가 백부장은 소문을 듣고 예수님을 찾아왔습니다. 백부장이 하인의 병을 고쳐 달라고 간청했을 때 예수님은 "내가 가서 고쳐 주리라"(마 8:7)라고 답하셨습니다. 그런데 그때 백부장이 의외로 이렇게 반응했습니다.

백부장이 대답하여 이르되 주여 내 집에 들어오심을 나는 감당하지 못하겠사오니 다만 말씀으로만 하옵소서 그러면 내 하인이 낫겠사옵나이다 나도 남의 수하에 있는 사람이요 내 아래에도 군사가 있으니 이더러 가라 하면 가고 저더러 오라 하면 오고 내 종더러 이것을 하라 하면 하나이다(마 8:8-9).

말씀만 하시라는 백부장의 대답을 들으신 예수님은 "이스라엘 중 아무에게서도 이만한 믿음을 보지 못하였노라"(마 8:10) 하시며 그의 반응에 놀라셨습니다. 그러고는 "네 믿은 대로 될지어다"(마 8:13)라고 말씀하셨습니다. 백부장이 그 말씀을 듣고 집으로 돌아가니 예수님의 말씀대로 하인이 나은 것을 볼 수 있었습니다. 할렐루야! 천지를 창조하신 말씀의 능력이 백부장에게 임한 것처럼 우리에게도 임하기를 원합니다.

또 한 사람을 기억합니다. 예수님의 어머니 마리아입니다. 누가복음 1장을 보면, 마리아는 한 번도 남자를 경험하지 않은 처녀의 몸으로 예수님을 잉태했습니다. 천사가 나타나 아이를 잉태할 것이라고 말하자 마리아는 "나는 남자를 알지 못하니 어찌 이 일이 있으리이까"(눅 1:34)라고 물었습니다. 그때 천사는 "대저 하나님의 모든 말씀은 능하지 못하심이 없느니라"(눅 1:37)라고 대답했습니다. 그러자 마리아는 "말씀대로 내게 이루어지이다"(눅 1:38) 하고 두말없이 순종했습니다. 마리아는 이 말로 인해 성령으로 예수님을 잉태하는 축복의 사건을 경험하게 되었습니다.

하나님은 말씀으로 천지를 창조하셨습니다. "빛이 있으라" 하시니 빛이 있었고, "궁창이 있으라" 하시니 궁창이 생겼습니다. 우리는 말씀 그대로 믿어야 합니다. 말씀을 가감하거나 다른 해석을 하지 말아야 합니다. 하나님이 6일 동안 천지를 창조하셨다고 성경이 말하면 그대로 믿어야 합니다. 하나님이 궁창을 만드셨다고 하면 만드신 것입니다. 그분은 하나님이시기 때문입니다.

하늘에 계신 내 아버지

그런데 하나님이 어떻게 하늘을 만드셨을까요? 하나님의 놀라운 비밀을 말씀에서 발견할 수 있습니다. 창세기 1장 6절을 보면, 궁창이 물에서 나왔다고 합니다. 잘 이해가 되지 않습니다. 어떻게 하늘이 물에서 나왔을까요? 하지만 성경은 "물 가운데에 궁창이 있어"라고 분명히 말하고 있습니다. 하나님이 지구에 생명을 주시기 위해 성령을 보내셨을 때 "하나님의 영은 수면 위에 운행하시니라"(창 1:2)라고 기록되어 있습니다. 생명을 주시기 위해 물을 주신 것입니다. 지구는 물이 감싸고 있었던 것입니다.

물이 왜 중요합니까? 물이 없으면 생명이 없습니다. 물은 곧 생명입니다. 땅은 없어도 되지만 물은 없으면 안 됩니다. 그래서 하나님은 생명이 살 수 있도록 물로 지구를 채우셨습니다. 하나님의 영이 수면 위에 운행하심으로 지구에 생명을 불어 넣어 주신 것입니다. 다른 위성에 물이 있다는 보고를 들은 적이 없습니다. 물이 없으면 생명체도 없습니다. 하나님은 지구에만 모든 생명체가 살아갈 수 있는 물을 주셨고, 물로부터 하늘을 만드셨습니다.

그런데 어떻게 물에서 하늘을 만들 수 있습니까? 6절을 다시 보면 이해할 수 있습니다. 한번 상상해 봅시다. 지구는 물로 가득 차 있었습니다. 하나님의 생명, 곧 성령이 물 가운데 계셨습니다. 그리고 하나님이 "물과 물로 나뉘라"(창 1:6)라고 말씀하셨습니다. 마치 홍해가 갈라지듯, 하나님이 물과 물 사이로 들어가신 것입니다. 전체 물의 일부는 위로 올리시고, 나머지 물은 밑으로 내리셨습니다. 물과 물 사이에 하나님이 개입하셔서 양쪽으로 밀어내니까 그곳에 공간이 생겼습니다. 대기권이 되었습니다.

밑으로 내려진 물이 한곳으로 모여 바다가 되었고, 드러난 곳은 땅이 되었습니다. 위로 올라간 물은 층을 이루어 유해 광선과 추위를 막아 주었습니다. 지금은 오존층이 그 일을 하고 있지만 원래는 물층이 그 역할을 했습니다.

이런 상상을 한번 해 봅니다. 캄캄한 곳에 빛이 들어오면서 어둠이 두 갈래로 나뉩니다. 수증기로 자욱하던 물이 갑자기 두 갈래로 나뉘어 한 부분은 위로 올라가고, 다른 부분은 밑으로 떨어집니다. 물이 위로 올라가면서 빈 공간이 바로 하늘이요, 궁창입니다. 그 궁창은 인간이 쾌적하고 알맞은 온도로 살 수 있는 환경을 제공해 주었습니다.

물층으로 하늘을 둘러 놓았기 때문에 지구의 온도는 일정했습니다. 그곳에는 번개도, 폭설도, 사막도, 지진도 없었습니다. 하나님이 만들어 놓으신 완벽한 자연이었습니다. 지금 우리가 살고 있는 죄가 가득한 세상도 이토록 아름다운데, 죄가 없는 세상은 얼마나 더 아름다울까요?

성경은 3가지의 하늘을 이야기하고 있습니다. 인간이 숨 쉬며 살 수 있는 하늘과 '하늘의 하늘'이 있습니다. 별들과 행성들이 있는 우주를 말할 때 성경에서는 '하늘들'이라는 말을 씁니다. 또 다른 하늘이 있는데, 그곳에 하나님이 계십니다.

> 그리스도께서는 참 것의 그림자인 손으로 만든 성소에 들어가지 아니하시고 바로 그 하늘에 들어가사 이제 우리를 위하여 하나님 앞에 나타나시고(히 9:24).

하나님이 계신 보좌가 있는 곳이 바로 그 하늘입니다. 그래서 주기도문은 "하늘에 계신 우리 아버지"라고 하나님을 부릅니다. 하나님은 하늘에 계십니다. 그 하늘은 대기권이 아닙니다. 은하계도 아닙니다. 하늘 보좌가 있는 하늘입니다. 그 하늘에 계신 하나님이 우리 아버지가 되십니다. 하나님이 내 아버지시라니, 얼마나 놀랍습니까? 천지를 창조하신 분이 우리의 아버지가 되십니다. 우리를 위해 아들 예수 그리스도를 십자가에서 못 박혀 죽게 하신 분이 바로 우리의 아버지 하나님이십니다.

다윗은 하나님의 집을 짓고 싶었지만 짓지 못했습니다. 그 대신 아들 솔로몬이 지었습니다. 솔로몬은 집을 짓고 이런 기도를 드렸습니다.

"하나님, 하나님은 집보다 크신 분이 아니십니까? 하지만 이 집은 다윗과 약속하신 하나님을 위하여 지은 집이오니 이 집에서 기도하는 것은 다 들어주십시오. 죄인이 와서 기도하면 용서해 주시고, 병든 자가 와서 기도하면 병을 고쳐 주십시오. 지진이 나고 기근이 오고 땅이 황폐해질 때 비를 주시고 응답해 주십시오. 전쟁이 생겼을 때 그 모든 기도를 응답해 주시고, 이방인이 와서 기도할 때도 들어주십시오. 하나님, 여기서 하는 기도와 간구를 들으시고 돌아보옵소서"(대하 6:14-42 참조).

저는 이 말씀을 읽고 용기가 생겼습니다. 하나님은 교회의 제단에서 기도하는 사람의 기도를 다 들어주시는 분, 우리의 기도에 응답하시는 하나님입니다.

하나님이 "좋다" 하시기에 살 만한 인생

하나님은 인간을 위해 하늘을 만들어 주셨습니다. 창공을 만들어 주셨습니다. 그러고 나서 제일 나중에 인간을 창조하셨습니다. 결혼식을 할 때도 모든 것을 다 준비한 후에 예식을 올리지 않습니까? 하나님도 마찬가지로 지구를 선택하시고, 물을 주시고, 빛을 주시고, 하늘을 만드시고, 해와 달과 별을 만드시고, 새를 주시고, 땅을 만드시고, 물고기를 주시고, 식물과 동물을 만드신 후에 인간을 만드셨습니다. 너무나 놀랍지 않습니까?

궁창 위의 물이 언제 쓰였는지 알고 있습니까? 노아 시대의 대홍수 때입니다. 그때 바다, 지하수, 샘물이 터지고 하늘의 물이 쏟아졌습니다. 위에 있던 물층이 터졌기 때문에 온 지구가 잠기는 홍수가 날 수 있었던 것입니다.

우리는 오존층이 파괴될 것이라는 경고를 듣고 있습니다. 오존층이 파괴되면 외계로부터 오는 유해 광선을 막을 방법이 없습니다. 우리에게 여러 가지 심각한 일이 생길 것입니다. 그러나 사실 이보다 더 심각한 일은 물층이 깨진 것입니다. 오존층보다 더 완벽하게 지구를 보호했던 것이 물층이었습니다. 물층이 깨진 대홍수 이후부터 대기권에 변화가 발생해 사계절이 생겼고, 태풍이 불게 되었습니다.

창세기를 보면 연대에 대한 혼란이 있을 것입니다. 대홍수 이전에는 사람들이 800세, 900세를 살았다고 기록되어 있습니다. 그러다가 노아 이후 시대에는 300세, 400세까지 살았고, 시간이 흘러가면서 점점 수명이 줄어들었다고 기록되어 있습니다. 그러다가 평균 수명이 70-80세로까지 떨어졌습니다. 그러나 놀라운 것은 예수 그리스도를 구주로 믿으면 영원히 살게 된다는 것입니다. 인간의 제한적인 시간이 하나님을 만남으로 영원한 시간으로 바뀌기 때문입니다.

이토록 하나님은 우리 인간의 삶을 위한 준비를 하시되, 차근차

근 순서를 따라 하셨습니다. 그러다가 창조의 절정은 인간이었습니다. 하나님의 형상과 모양을 가진 인간을 창조하시기 위해 하나님은 하늘을 만드시고, 대기권을 만드시고, 빛을 만드셨습니다. 20절에는 하나님이 하늘을 나는 새를 만드신 것이 기록되어 있습니다.

> 하나님이 이르시되 물들은 생물을 번성하게 하라 땅 위 하늘의 궁창에는 새가 날으라 하시고(창 1:20).

지상에 사는 식물이든 동물이든 생명 있는 모든 것은 물에서부터 번성합니다. 어떤 곳을 좋은 곳이라고 합니까? '물이 좋은 곳' 아닙니까? 물이 깨끗해야 합니다. 이것은 하나님의 창조의 질서입니다. 인간은 죄를 지음으로 물을 오염시켰습니다. 그러나 물이 다시 살아나면 한 나라가 살아납니다. 건강도 살아납니다. 이것이 물에 대한 저의 철학입니다. 대한민국의 모든 물이 세계에서 제일 깨끗한 물이 되기를 바랍니다. 물을 오염시키지 맙시다. "물들은 생물을 번성하게 하라"라는 하나님의 말씀을 기억합시다.

21절은 매우 재미있는 구절입니다.

> 하나님이 큰 바다 짐승들과 물에서 번성하여 움직이는 모든 생물을 그 종류대로, 날개 있는 모든 새를 그 종류대로 창조하시니 하나님

이 보시기에 좋았더라(창 1:21).

하나님이 큰 바다 짐승, 즉 큰 물고기를 창조하셨다고 합니다. 작은 물고기가 큰 물고기로 된 것이 아닙니다. 원숭이가 사람으로 진화한 것이 아닙니다. 하나님은 처음부터 큰 물고기를 만드셨습니다. 최초로 나온 짐승이 큰 물고기입니다. 굉장히 놀랍지 않습니까? 우리는 공룡이 살았던 것을 압니다. 바다에 고래보다 큰 물고기가 있었다는 것은 알지만 지금은 없습니다. 요나가 물속에 빠졌을 때 요나를 삼킨 것도 큰 물고기였습니다(욘 1:17).

진화론은 세상에서 가장 그럴듯한 가짜입니다. 하나님은 생물을 그 종류대로, 날개 있는 모든 새를 그 종류대로 창조하셨습니다. 원숭이가 진화하여 사람이 된 것이 아니라, 원숭이는 처음부터 원숭이였고 사람은 처음부터 사람이었습니다. 사람은 하나님이 하나님의 형상과 모양대로 만드셨습니다. 백인과 흑인과 황인의 모습이 서로 다를 수 있지만, 다른 동물에서 진화된 것은 결단코 아닙니다.

사슴이 누군가를 그리워해서 목이 길어졌을까요? 아닙니다. 처음부터 목이 길었습니다. 얼룩말은 얼룩무늬를 열심히 봐서 무늬가 생겼을까요? 아닙니다. 원래 무늬가 있었습니다. 이것이 창조 시 모습 그대로입니다. 21절을 보면, 하나님은 처음부터 큰 동물은 큰 동물대로, 작은 동물은 작은 동물대로 만드셨습니다. 이것은 진화하거나 발전한 것이 아닙니다. 만약 인간이 현재의 모습까지 진화되어 왔다면 앞으로는 어떤 모습으로 진화하겠습니까?

한 가지 더 생각해 볼 것이 있습니다. "하나님이 보시기에 좋았더라"라는 말씀입니다. 하나님이 우리를 보며 "좋다"고 하시는데 우리는 왜 절망합니까? 왜 포기합니까? 하나님은 우리를 매우 사랑하십니다. 그래서 하나님의 외아들 예수 그리스도를 우리에게 주시지 않았습니까? 이 사랑으로 인해 용기를 가지십시오. 우리 인생은 살 만한 가치가 있으며 우리는 의미 있는 존재입니다. 비참하게 살면 억울한 존재입니다.

22절에는 "하나님이 그들에게 복을 주시며"라고 기록되어 있습니다. 하나님은 우리에게 복을 주셨습니다. 아브라함에게만 복을 주신 것이 아니라, 예수 그리스도를 구주로 믿고 따르는 모든 자에게 영생의 복을 주셨습니다.

그다음에 하나님은 식물과 동물과 모든 인간에게 "생육하고 번성하여 땅에 충만하라"라는 명령을 주셨습니다. 가정을 가진 분들은 자녀를 몇 명이나 낳을까로 고민하지 말기 바랍니다. 저는 여섯 형제 사이에서 자랐습니다. 정말 행복했습니다. 지구가 불어나는 인구 문제를 감당할 수 없으면 어떻게 될까요? 걱정하지 마십시오. 주님이 오실 것입니다. 능력이 없다, 자원이 없다 하지 말고 열심히 사십시오.

그리고 하나님을 경외하며 삽시다. 물을 깨끗하게 만들며 삽시다. 내가 살고 있는 땅이 생명으로 가득 찰 수 있도록 힘씁시다. 이것이 하나님의 창조 질서의 법칙입니다. "생육하고 번성하여 땅에 충만하라"라는 말씀은 우리에게 축복의 말씀입니다.

요즘 "실직이다", "부도다" 하며 우리나라에 좋은 일이 하나도 없다고 불평하는 사람들이 많습니다. 그래도 걱정하지 맙시다. 하나님이 함께 계십니다. 우리는 6·25전쟁도 겪었고, 보릿고개도 살아냈고, 기가 막힌 세월들을 겪어 온 민족입니다. 또다시 살아날 것입니다. 이 말씀을 꼭 기억합시다.

태초에 하나님이 천지를 창조하시니라(창 1:1).

5

예수 이름으로 사람답게 살아갑니다

창세기 1:9-25

하나님이 하고자 하시면 다 이루어진다

하나님이 태초에 천지를 창조하셨다는 사실을 믿지 않으면 창세기는 열리지 않습니다. 태초에 하나님이 천지를 창조하셨다는 사실을 믿고, 그분을 경배하고 찬양하기 시작할 때 창세기가 열립니다. 창세기 안에 들어가면 하나님을 만나게 되고 창조의 놀라운 신비와 능력을 경험하게 됩니다. 히브리서 11장 3절은 천지 창조에 대해 다음과 같이 말합니다.

> 믿음으로 모든 세계가 하나님의 말씀으로 지어진 줄을 우리가 아나니 보이는 것은 나타난 것으로 말미암아 된 것이 아니니라(히 11:3).

천지 창조는 하나님의 말씀으로 되었고, 이 사실은 믿음으로만 알 수 있다는 뜻입니다. 첫째 날 하나님은 빛을 창조하셨습니다. 하나님의 창조에는 시간의 개념이 없습니다. '눈 깜짝할 사이'라는 말도 적당하지 않습니다. 하나님께는 시간이 필요하지 않습니다. 말씀이 곧 능력입니다. 둘째 날 하나님은 궁창을 만드셨고, 셋째 날 땅을 만드셨습니다. 우리는 앞서 하나님이 어떻게 하늘을 만드셨는지를 살펴보았습니다. 이제 하나님이 어떻게 땅을 만드셨는지에 대해 알아보겠습니다.

창세기 1장 9-10절은 땅이 물에서 만들어졌다고 말합니다. 창세기 1장 6절을 보면, 하나님이 하늘도 물에서 만드셨다는 이야기가 나옵니다. 지구는 물로 가득 차 있었습니다. 그런데 하나님이 "물 가운데에 궁창이 있어 물과 물로 나뉘라" 하시자 물이 두 갈래로 나뉘었습니다. 하나의 물은 하늘 위로 올라갔고, 하나의 물은 땅으로 내려갔습니다. 그 사이의 공간을 궁창이라고 합니다. 하나님이 인간이 살 수 있는 대기권을 만들어 주신 것입니다. 창세기 1장 9절은 하나님이 땅을 만드신 현장을 보여 줍니다.

> 하나님이 이르시되 천하의 물이 한곳으로 모이고 뭍이 드러나라 하시니 그대로 되니라(창 1:9).

땅으로 내려온 물은 지구를 덮고 있었습니다. 하나님이 물에게 명령하셨습니다. "물은 한곳으로 모여라." 물이 한곳으로 모인 곳이 바다요, 물이 없어지고 드러난 곳이 땅입니다.

흐르던 물이 어떻게 한곳으로 모여 바다가 되었을까요? 물의 속성은 위에서 아래로 흐르는 것입니다. 그런데 어떻게 한곳으로 이동할 수 있었을까요? 우리는 할 수 없어도 하나님은 하실 수 있습니다. 하나님은 말씀으로 그렇게 하셨습니다. 우리는 이와 유사한 사건을 구약성경에서 발견할 수 있습니다.

출애굽기를 보면, 모세를 따라 애굽을 탈출한 수십만의 이스라엘 백성에게 다가온 첫 번째 장애는 홍해였습니다. 마음이 변한 애굽의 바로왕이 군대를 보냈고, 바로왕 군대는 이스라엘 백성을 공격하기 위해 뒤쫓아 왔습니다. 이스라엘 백성 뒤에는 바로의 군대, 앞에는 홍해가 펼쳐져 있었습니다. 그들이 어찌할 바를 모르고 있을 때 하나님은 홍해를 갈라 육로를 내기로 결정하셨습니다. 홍해가 갈라졌고, 이스라엘 백성은 바다를 육지같이 건널 수 있었습니다.

이 사건을 한번 생각해 봅시다. 홍해가 갈라졌을 때 어떠했을까요? 물 벽이 생겼을 것입니다. 물 벽이 생긴 것은 인간의 논리로는 가능하지 않습니다. 과학으로도 설명할 수 없습니다. 그러나 성경은 바다 사이에 길이 생겼다고 기록하고 있습니다. 만약에 물 벽이 생기지 않았더라면 하나님은 모든 물을 말려 버리셨을 것입니다. 그러나 이스라엘 백성은 물이 말라 버린 후에 홍해를 건넌 것이 아니라 물이 갈라진 사이를 육지같이 건너갔습니다. 분명히 물 벽이 생겼습니다. 그러나 그 뒤를 쫓던 애굽 군대가 홍해를 건널 때 하나님은 다시 물을 흩으셨고, 적들은 물에 빠져 죽을 수밖에 없었습니다.

하나님이 하고자 하시면 다 이루어집니다. 하나님이 "물은 한곳으로 모여라" 하시자 물이 한곳으로 모인 것입니다. 우리가 그 현장에 있다고 생각해 보십시오. 얼마나 위대하고 놀랍습니까!

하나님이 뭍을 땅이라 부르시고 모인 물을 바다라 부르시니 하나님이 보시기에 좋았더라(창 1:10).

이제 물은 땅이 깊이 파인 곳에 고였습니다. 그래서 하나님은 물 밖으로 드러난 곳을 땅이라 부르시고, 물이 모인 곳을 바다라 부르셨습니다. 신약성경을 보면 땅이 물에서 나왔다는 사실을 베드로 사도도 증언하고 있습니다.

이르되 주께서 강림하신다는 약속이 어디 있느냐 조상들이 잔 후로부터 만물이 처음 창조될 때와 같이 그냥 있다 하니 이는 하늘이 옛적부터 있는 것과 땅이 물에서 나와 물로 성립된 것도 하나님의 말씀으로 된 것을 그들이 일부러 잊으려 함이로다(벧후 3:4-5).

성경에는 창조에 대한 흥미 있는 구절들이 많이 있습니다. 땅과 바다를 만드신 하나님은 이것들의 경계를 어떻게 정하셨을까요? 예레미야 5장 22절은 땅과 바다의 경계에 대해 다음과 같이 말합니다.

여호와의 말씀이니라 너희가 나를 두려워하지 아니하느냐 내 앞에서 떨지 아니하겠느냐 내가 모래를 두어 바다의 한계를 삼되 그것으로 영원한 한계를 삼고 지나치지 못하게 하였으므로 파도가 거세게

이나 그것을 이기지 못하며 뛰노나 그것을 넘지 못하느니라(렘 5:22).

하나님은 모래로 육지와 바다의 경계선을 삼으셨습니다. 욥기 38장부터 41장을 읽어 보면 하나님의 창조의 오묘한 진리에 대해서 더욱 자세히 알 수 있습니다.

거듭 강조하듯이 하나님이 천지를 만드신 중요한 원리 첫 번째는 '하나님이 이르시되 … 그대로 되니라'입니다. 말씀은 그대로 이루어집니다. 말씀은 곧 능력이며, 하나님은 말씀으로 천지를 창조하셨습니다. 하나님은 지금도 우리에게 말씀하십니다. 따라서 누구든지 이 말씀을 듣고, 믿고, 순종하면 창조의 능력이 예수 그리스도를 통해 오늘 우리에게 나타납니다. 예수 그리스도는 우리에게 오신 '말씀'입니다. 성령의 감동으로 하나님의 말씀이 기록되었고, 누구든지 그 말씀을 믿는 자에게는 말씀의 능력이 나타나는 것입니다.

"다만 말씀으로만 하옵소서 그러면 내 하인이 낫겠사옵나이다"(마 8:8)라고 말했던 백부장이나 "말씀대로 내게 이루어지이다"(눅 1:38)라고 한 마리아처럼 하나님의 말씀에 순종하기 바랍니다. 하나님의 말씀을 의심하지 않고 믿을 수 있게 되기를 바랍니다.

"하나님의 말씀은 살아 있고 활력이 있어 좌우에 날 선 어떤 검보다도 예리하여 혼과 영과 및 관절과 골수를 찔러 쪼개기까지"(히 4:12) 합니다. 말씀으로 천지가 창조되었고, 말씀으로 불가능한 일은 없습니다. 그러나 하나님의 말씀을 듣기만 해서는 안 되며, 그 말씀을 듣고, 믿고, 순종하고, 행동해야 합니다. 복을 받는 참된 비결은 하나님의 말씀을 어린아이처럼 믿고 따르는 것입니다.

하나님이 천지를 창조하신 두 번째 원리는 '반복'입니다. 창조하실 때 반복되는 것이 있습니다. "하나님이 보시기에 좋았더라"라는 말입니다. 하나님은 자신이 만든 것을 보고 좋아하셨습니다. 하나님은 하늘을 보고 좋아하셨고, 땅을 보고 좋아하셨습니다. 하나님은 우리를 좋아하십니다. "나는 네가 좋아. 참 좋아"라고 말씀하십니다.

실제로 서로 좋아하지 않지만 빈말로라도 좋아한다고 하면 좋지 않습니까? 그런데 하나님의 사랑은 우리에게 "하나님이 세상을 이처럼 사랑하사 독생자를 주셨으니 이는 그를 믿는 자마다 멸망하지 않고 영생을 얻게 하려 하심이라"(요 3:16)라고 말합니다. 하나님이 사랑하시는 대상은 바로 우리 인간입니다.

들꽃 한 송이에도 하나님의 신비가 담겨 있다

우리가 주목해야 하는 단어가 있는데, '나눈다'는 말입니다. 하나님은 첫째 날 빛을 만드시고, 빛과 어둠을 나누사 낮과 밤을 만드셨습니다. 둘째 날 하나님은 궁창을 만드시고 물과 물을 나누셨습니다. 그리고 셋째 날 하나님은 땅과 바다를 나누셨습니다.

'나눈다'는 것이 무슨 의미가 있을까요? 하나님은 섞는 것을 좋아하시지 않습니다. 다른 말로 하면, 하나님은 성도들이 세상과 섞여 세상과 짝하는 것을 좋아하시지 않습니다. 구분되기를 원하십니다. 성경은 하나님과 돈을 겸하여 섬길 수 없다고 말합니다(눅 16:13). 우리는 하나를 택해야 합니다. 두 가지를 한꺼번에 할 수 없습니다. 천국과 지옥은 공존하지 않습니다. 매일 천국과 지옥을 경험한다고 말하는 사람들이 있지만, 실제로 그들은 매일 지옥만 경험하고 있는 것입니다. 하나님은 세상과 짝하시지 않습니다. 성도들은 세상과 짝하지 않습니다.

셋째 날, 하나님은 땅을 창조하실 때 땅에서 자라는 풀과 씨 맺는 채소와 씨 가진 열매 맺는 나무를 만드셨습니다.

> 하나님이 이르시되 땅은 풀과 씨 맺는 채소와 각기 종류대로 씨 가진 열매 맺는 나무를 내라 하시니 그대로 되어 땅이 풀과 각기 종류대로 씨 맺는 채소와 각기 종류대로 씨 가진 열매 맺는 나무를 내니 하나님이 보시기에 좋았더라(창 1:11-12).

하나님이 드디어 생명체인 식물을 만드신 것입니다. 그러나 아직 동물은 만들지 않으셨습니다. 동물은 여섯째 날 만드셨습니다. 하나님의 창조의 신비를 보면 감탄할 것들뿐입니다. 하나님이 생명체를 만드시는 것도 특이합니다. 제일 먼저 빛을 만드시고, 다음에 하늘을 만드셔서 대기권을 형성하셨습니다. 그러고 나서 땅을 만드시고, 물을 나누셨습니다. 인간이 생명을 누릴 수 있는 기본적인 환경을 모두 만들어 주신 것입니다.

풀과 씨 맺는 채소와 씨 가진 열매 맺는 나무의 창조에서도 재미있는 사실을 발견할 수 있습니다. 즉 풀은 풀이요, 채소는 채소요, 나무는 나무라는 것입니다. 하나님은 이것들을 혼동하시지 않았습니다. 풀이 자라 나무가 된 것이 아니라 나무는 나무대로 완성품을 만드셨습니다.

하나님이 아담을 만드실 때도 아담의 씨를 심어서 자라게 하신 것이 아닙니다. 인간은 발전하고, 진화하고, 종(種)을 통해서 만들어진 것이 아니라는 뜻입니다. 하나님은 물고기는 물고기로, 하늘을 나는 새는 새로 만드셨습니다. 하나님은 원숭이와 사람을 혼동하시지 않았습니다. 이것이 창조입니다.

우리가 또 하나 주목해야 하는 단어는 바로 '종류대로'입니다. 하나님은 씨 맺는 채소를 종류대로, 씨 가진 열매 맺는 나무를 종류대로, 하늘을 나는 새를 종류대로, 가축을 종류대로 완성품으로 만드셨습니다. 섞거나 발전시키거나 진화시키시지 않았습니다. 하나님은 질서의 하나님이시요, 조화의 하나님이시요, 중용의 하나님이시라는 사실을 다시 한 번 발견하게 됩니다. 땅을 만드시고, 그곳에 여러 동물들이 먹을 수 있도록 먼저 식물을 만드시고, 여섯째 날 드디어 동물을 만드셨습니다.

하나님이 이르시되 땅은 생물을 그 종류대로 내되 가축과 기는 것과 땅의 짐승을 종류대로 내라 하시니 그대로 되니라 하나님이 땅의 짐승을 그 종류대로, 가축을 그 종류대로, 땅에 기는 모든 것을 그 종류대로 만드시니 하나님이 보시기에 좋았더라(창 1:24-25).

하나님은 창조의 마지막 단계로 땅의 짐승을 만들기 시작하셨습니다. 여기에는 '종류대로'라는 말이 나옵니다. 거듭 말하지만, 하나님은 종을 바꾸시지 않았습니다. 하등 동물이 고등 동물로 진화된 것이 아닙니다. 하등 동물은 처음부터 하등 동물로, 고등 동물은 처음부터 고등 동물로 만드셨습니다. 하나님은 태초에 지금 우리가 볼 수 있는 모습 그대로 짐승들을 만드셨습니다.

들판에 핀 꽃들을 보십시오. 꽃 하나하나에 하나님의 아름다움과 웅장함과 신비로움과 상상할 수 없는 창의력이 들어 있습니다. 얼마나 놀라운 창조의 능력이요, 아름다운 신비요, 기막힌 조화입니까? 우리는 이처럼 위대한 하나님의 창조의 모습을 고린도전서 15장 38-41절에서 더 놀라운 말씀으로 볼 수 있습니다.

하나님이 그 뜻대로 그에게 형체를 주시되 각 종자에게 그 형체를 주시느니라 육체는 다 같은 육체가 아니니 하나는 사람의 육체요 하나는 짐승의 육체요 하나는 새의 육체요 하나는 물고기의 육체라 하늘에 속한 형체도 있고 땅에 속한 형체도 있으나 하늘에 속한 것의 영광이 따로 있고 땅에 속한 것의 영광이 따로 있으니 해의 영광이 다르고 달의 영광이 다르며 별의 영광도 다른데 별과 별의 영광이 다르도다(고전 15:38-41).

참으로 귀한 말씀입니다. 하나님은 형체를 주시고, 종자를 주셨습니다. 모두 육체이지만 다 같은 육체가 아니라는 뜻입니다. 사람의 육체가 다르고, 새의 육체가 다르고, 짐승의 육체가 다르고, 물고기의 육체가 다릅니다. 겉으로 보면 모두 고기 덩어리이지만, 하나님은 다 다르게 만드셨습니다. 육체는 모두 같지 않습니다. 특히 인간은 하나님의 모양과 형상을 따라 하나님과 교제하는 존재로 만들어졌습니다.

자신도 모르게 자신을 속이고 있는 사람들

하나님을 믿지 않는 사람들은 종은 섞일 수 있다고 말합니다. 인간이 짐승이 되고, 짐승이 인간이 될 수 있다는 것입니다. 이것이 유물사관(唯物史觀)입니다. 유물사관은 인간을 경제적 동물로만 봅니다. 인간을 물질로 봅니다. 그래서 필요하면 얼마든지 죽일 수도 있다고 생각합니다. 갈등 없이 서로를 죽입니다.

하나님의 형상으로 지으심을 받은 인간들이 자연을 파괴하고 짐승처럼 사는 이유가 무엇일까요? 왜 이런 일이 일어날까요? 종을 바꾸어 놓았기 때문입니다. 하나님의 창조를 부인하는 사람들은 원숭이가 인간이 될 수 있고, 인간이 짐승이 될 수도 있다고 합니다. 하나님은 없으며, 인간은 하나의 육체에 불과하다는 것입니다.

그 결과 인간을 쾌락의 도구, 유익의 도구, 또는 경제적 활동의 도구로 생각합니다. 사람이 동물처럼 살기 시작했습니다. 인간 안에 짐승이 있다고 합니다. 이는 얼마나 무서운 죄악을 가져오는 것입니까? '인간과 동물은 섞일 수 있다'는 발상에서 이 모든 것이 옵니다. 이는 하나님의 창조 원리에 순종하지 않는 것입니다. 성경은 분명히 각기 종류대로 만들어졌다고 말합니다. 특별히 인간은 하나님의 형상으로, 즉 하나님과 교제하는 죽음이 없는 존재로 지으심을 받았습니다.

인간에 대한 자부심을 갖게 되기를 바랍니다. 우리는 창조의 모습을 회복해야 합니다. 예수 그리스도로 말미암아 우리는 하나님이 창조하신 본래 모습으로 회복될 수 있습니다. 예수님을 믿으십시오. 예수님 안에는 하나님의 형상이 있고, 그분은 하나님이십니다. 누구든지 예수 그리스도를 믿는 자는 구원을 얻고, 그분을 영접하는 자에게는 하나님의 자녀가 되는 권세가 주어집니다. 하나님의 아들에게는 생명이 있습니다. 하나님이 하나님의 아들을 믿는 자에게 영원한 생명을 주겠다고 말씀하신 이유가 여기에 있습니다(요일 5:11-12).

하늘에는 해의 영광이 있고, 달의 영광이 있고, 수천억 개 별들의 영광이 따로 있습니다. 창조의 신비가 얼마나 놀랍습니까? 우리는 한편으로 동물과 같은 육체의 속성을 가지고 있지만 동물이 아닙니다. 땅의 형체가 아닙니다. 우리의 본체는 하늘에 있습니다. 우리에게는 하나님의 자녀답게 살 수 있는 특권이 있습니다. 그러므로 짐승처럼 살지 말고 사람답게 살아야 합니다.

하지만 얼마나 많은 사람이 짐승 같은 인생을 살고 있습니까? 결국 자신도 모르게 자신을 속이고 있는 것입니다. 우리가 흔히 말하는 개띠니, 호랑이띠니 하는 십이간지도 이런 맥락에서 온다고 봅니다. 또 절이나 산에 가 보면 짐승의 형상을 여러 곳에 그려 놓았습니다. 하나님의 형상으로 지으심을 받은 인간이 짐승으로 덮여 있는 것입니다.

윤회설이 가짜인 이유는 사람이 다시 짐승으로 태어난다는 데 있습니다. 사람이 짐승이 되었다가 다시 사람이 되는 일은 없습니다. 깨끗한 물과 더러운 물이 합해지면 더러운 물이 됩니다. 지옥과 천국이 합해지면 지옥이 됩니다. 그처럼 짐승과 인간이 합해지면 짐승이 됩니다. 그것은 결코 인간이 아닙니다. 그럼에도 불구하고 예수 믿는 사람들조차 자식을 혼인시킬 때 사주도 보고, 띠를 따져 궁합도 봅니다. 그것은 "나는 짐승이오" 하는 소리와 마찬가지입니다. 인간이 얼마나 어리석은지요.

하나님은 우리를 하나님의 형상을 따라 지으셨습니다. 인간은 절대 동물이 아닙니다. 원숭이는 원숭이이고, 사람은 사람입니다.

종이 바뀌지는 않습니다. 그리고 인간만이 하나님과 교제하는 복된 존재로 만들어졌습니다. 이것이 바로 창조입니다. 하나님이 우리를 그렇게 만드셨습니다. 동물과 식물과 해와 달과 별과 우주의 모든 것을 다스리고 통치하라고 인간을 만드셨습니다. 인간은 이렇게 귀한 존재입니다.

하나님은 우리를 하나님의 아들로 삼아 주셨습니다. 짐승처럼 살지 마십시오. 인간답게 사십시오. 우리의 동물적인 본능을 예수의 이름으로 꺾어 버리십시오. 하나님의 자녀답게 삽시다. 이것이 창조의 축복입니다.

우리는 이처럼 풍성한 삶을 살아야 합니다. 왜냐하면 예수님이 "내가 온 것은 양으로 생명을 얻게 하고 더 풍성히 얻게 하려는 것"(요 10:10)이라고 말씀하셨기 때문입니다. 예수님은 이를 위해 기꺼이 십자가를 지셨고 약속하신 대로 무덤에서 부활하셨습니다.

어떤 위기나 고난이 닥칠지라도 두려워하지 마십시오. 주님이 우리의 삶을 기쁜 찬송과 희망의 노래로 가득 채워 주실 것입니다. 주님의 약속을 믿고 예수 그리스도 안에서 풍성한 삶을 사십시오. 매일의 삶에 은혜가 차고 넘치기를 바랍니다.

6

내 얼굴에서
하나님이 발견되기를

창세기 1:26-31

나를 사랑하기 위해서 나를 창조하셨다

창조의 극치는 인간 창조에 있습니다. 하나님은 사람을 마지막으로 창조하시기 위해 모든 만물을 먼저 창조하셨습니다. 하늘의 해와 달과 별, 그리고 공기, 땅, 물 등 이 모든 것을 창조하신 이유는 인간을 창조하시기 위함이었습니다. 하나님은 인간이 외롭거나 배고프지 않고 충만한 삶을 살도록 자연과 더불어 완벽한 교제를 나누게 만드셨습니다.

하나님이 만물을 먼저 창조하시고 그다음 인간을 만드신 이유는 인간이 덜 중요해서가 아니라 인간이 제일 중요하기 때문입니다. 마치 모든 준비를 마친 후 마지막에 하얀 드레스를 입은 신부가 결혼식장에 등장하듯, 우주 만물과 지구를 만드시고 인간이 살 수 있는 환경을 다 만드신 후에 마지막으로 창조의 꽃인 인간을 만드신 것입니다.

이것은 우리가 상상할 수조차 없는 하나님의 완벽한 창조 드라마입니다. 하나님의 창조에는 부족함이 없습니다. 미완성이 없습니다. 불균형을 만들지 않습니다. 하나님의 창조는 완벽한 균형이요, 완벽한 아름다움이요, 완벽한 충만함입니다.

이렇게 완벽한 생명인 지구, 하나님의 호흡인 지구가 아무리 좋다 할지라도 그곳에 인간이 없다면 무슨 의미가 있겠습니까? 좋은 집이 있다 해도 그곳에 누가 사느냐가 중요합니다. 백악관이나 청와대 건물 자체보다는 백악관에 미국 대통령이 있고, 청와대에 대한민국 대통령이 있기 때문에 중요합니다. 건물보다 중요한 것은 그 건물 안에 살고 있는 사람입니다. 그러므로 지구보다 더 중요한 것은 이 지구 안에 살고 있는 사람입니다. 우리가 중요합니다. 우리는 복 받은 창조의 꽃입니다. 우리가 바로 창조의 완성이요, 창조의 영광인 것입니다.

그러면 하나님은 왜 인간을 만드셨습니까? 하나님께 무언가 부족하거나 어떤 목적에 사용하기 위해서 인간을 만드신 것이 아닙니다. 하나님은 하나님과 영원한 교제와 축복을 나눌 파트너로 인간을 만드셨습니다. 이것은 마치 남녀가 만나 결혼하는 이유가 서로 이용하거나 필요에 의해서가 아니라 서로 사랑하고 교제하기 위해서인 것과 마찬가지입니다. 창세기 1장 26절은 하나님이 어떻게 인간을 창조하셨는지 말해 줍니다.

> 하나님이 이르시되 우리의 형상을 따라 우리의 모양대로 우리가 사람을 만들고 그들로 바다의 물고기와 하늘의 새와 가축과 온 땅과 땅에 기는 모든 것을 다스리게 하자 하시고(창 1:26).

인간의 창조는 창조의 절정일 뿐만 아니라, 다른 모든 피조물과는 다른 존재이기에 창조의 방법도 다릅니다. 첫째 날부터 다섯째 날까지 창조에서는 "하나님이 이르시되"라는 말씀으로 창조하셨습니다. 여기에는 생각해 본다거나 누군가와 의논해 본다는 개념이 없습니다. 하나님이 단독으로 생각하시고 명령하셨습니다.

그러나 인간 창조는 그렇게 하시지 않았습니다. 인간됨의 가치와 영광을 여기에서 엿볼 수 있습니다. 창세기 1장 26절은 "하나님이 이르시되 우리의 형상을 따라 우리의 모양대로 우리가 사람을 만들고"라고 말합니다. 사람을 만드실 때는 누구와 의논을 하셨다는 뜻입니다.

우리는 흔히 자신과 의논하지 않고 무언가 지시받는 것에 대해 불쾌하게 생각합니다. "왜 나와 의논하지 않았느냐"고 말하곤 합니다. 사람들은 의논하면 불평하지 않습니다. 싫은 일도 합니다. 아마 부부 관계나 교회에서도 마찬가지일 것입니다. 하나님은 인간을 만드실 때 하나님끼리 회의를 하셨습니다. 의논하시고, 이야기하시고, 토론하셨습니다. 이토록 하나님은 인간을 만드실 때 많은 생각을 하셨습니다. "어떤 모습으로 만들까? 어떤 존재로 만들까?" 의논하신 후에 인간을 창조하셨습니다.

여기에 동물과 인간의 차이가 있습니다. 동물은 죽으면 끝입니다. 죽은 후에 천국과 지옥이 없습니다. 그러나 인간은 하나님이 심혈을 기울여서 만드셨습니다. 인간은 하나님의 형상을 따라 하나님의 모양대로 지어졌습니다. 하나님이 그렇게 만드셨습니다.

여기서 알 수 있는 또 한 가지 중요한 사실이 있습니다. “우리의 형상을 따라 우리의 모양대로 우리가 사람을 만들고”에서 ‘우리’라는 복수형이 사용되고 있다는 점입니다. 하나님은 세 분이십니다. 성부 하나님, 성자 하나님, 성령 하나님이십니다. 세 분은 모두 다른 개체요, 다른 인격이요, 다른 기능을 가진 독자적인 존재이십니다. 그러면서도 하나님은 한 분이시고 하나로 존재하십니다. 또한 세 인격과 모습으로 존재하십니다. 이것을 ‘하나님의 사회’라고 말합니다. 그래서 하나님은 인간에게도 사회를 주셨습니다.

하나님의 사회의 특징은 일치, 하나 됨입니다. 만일 하나님이 이 세상에 창조하신 인간에게 죄가 없었다면 분열도 없었을 것입니다. 미움도, 분쟁도, 전쟁도 없었을 것입니다. 하나 되지 못한 데서 미움이 생기고, 분열과 전쟁이 발생하고, 지옥이 만들어지는 것입니다. 하나님은 하나 됨을 가장 기뻐하십니다. 부부가 하나 되고, 교회가 하나 되고, 우리가 하나 되는 것을 기뻐하십니다. 하나님은 남북통일도 원하십니다. 왜냐하면 하나님의 본질이 하나 되는 것이기 때문입니다. 하나님은 부부가 이혼하는 것을, 자녀가 집을 나가는 것을, 부모님을 멀리 떠나보내는 것을 싫어하십니다.

하나님의 형상 입은 자답게, 하나님의 모양답게

또한 인간을 만드신 하나님의 계획은 ‘우리의 형상을 따라 우리의 모양대로'였습니다. 유물론이나 무신론의 관점에서는 인간에 대한 해석이 다르겠지만, 성경은 인간의 본질과 운명을 두 문구로 표현하고 있습니다. '하나님의 형상을 따라', '하나님의 모양대로' 인간이 지어졌다는 것입니다. 곧 신의 성품이 인간 안에 들어 있다는 말입니다. 비록 인간이 육체를 가지고 있고 또한 동물과 동일한 본능을 가지고 있더라도 인간은 신적 존재라는 것입니다. 우리는 당당하게 주장해야 합니다. 인간은 동물이 아닙니다.

그렇지만 많은 인간이 동물처럼 살아갑니다. 인간의 선의 본능을 동물처럼 사용해도 괜찮다고 말합니다. 동물 이상 아무것도 아닌 것으로 생각합니다. 이러한 생각들로 말미암아 인간 윤리나 도덕 같은 것은 뒤로하고 다른 인간을 무차별로 죽이고, 고문하고, 인권을 유린하는 사람들이 있습니다. 그런 사람들의 생각에는 인간이 이용 가치가 있는 대상이기도 합니다. 인간은 경제적인 동물에 불과해서 돈을 많이 벌 수 있으면 가치가 있고, 그렇지 않으면 쓰레기에 불과하다고 생각합니다. 그래서 돈 있고, 능력 있고, 똑똑하면 존경받을 가치가 있고 좋은 환경에서 잘 먹고 잘 살아도 된다고 생각합니다.

이런 생각들이 인류에게 극대화되면 원자탄을 터트리고 식량전쟁을 하는 등 엄청난 재난들이 발생하게 됩니다. 인간이 하나님의 형상대로 지으심을 받았다는 말씀을 믿지 않기에 인간 본래의 엄숙하고, 거룩하고, 놀라운 본질을 잃어버린 결과입니다. 이것을

'불신앙'이라고 합니다.

교회를 아무리 오래 다녔어도 하나님이 천지를 창조하셨다는 사실을 믿지 않으면 믿음이 아닙니다. 인간이 하나님의 형상을 따라, 하나님의 모양대로 지으심을 받은 존재라는 사실을 믿지 않는 것은 하나님을 믿지 않는 것과 동일합니다.

'하나님의 형상'이란 하나님의 내면적인 모습이며, '하나님의 모양'은 하나님의 외면적인 모습입니다. 그런데 여기에 고민이 있습니다. 하나님을 물질로 된 사람처럼 키가 얼마이며 무게가 얼마인지 측량할 수 있다면 좋겠지만, 하나님은 영이시기 때문에 하나님의 형상이 어떠한지 알기가 어렵다는 것입니다.

그래서 하나님이 우리에게 보내 주신 분이 바로 예수 그리스도이십니다. 우리는 예수님을 통해서 하나님의 모양과 형상을 알 수 있습니다. 만일 예수님이 인간의 몸을 입고 오시지 않았다면 우리는 하나님의 형상과 모양을 영원히 잃어버렸을 수도 있습니다. 왜냐하면 우리의 죄로 인해 하나님이 우리에게 주셨던 모양과 형상이 모두 파괴되어 그저 동물처럼 살 수밖에 없었기 때문입니다.

그러나 하나님은 예수 그리스도를 우리에게 보내 주셔서 우리에게 새 생명을 주시고 하나님의 형상과 모양을 회복해 주셨습니다. 그것이 바로 성찬의 의미이기도 합니다. 예수님이 자신의 피와 살을 우리에게 나누어 주심으로 우리를 하나님의 형상으로 회복해 주시는 것입니다.

이제부터 짐승처럼 살지 맙시다. 개띠, 말띠, 호랑이띠 등 띠를 따지는 것도 조금 더 생각해 보면 결국 "나는 동물과 같다"는 말 아닙니까? 사람들은 인간의 모습을 거룩한 하나님의 형상으로 회복하려는 노력보다는 형이하학적이고, 동물적이고, 본능적인 저질스러운 모습으로 만들어 가는 데 익숙합니다.

그리고 욕하지 마십시오. 우리는 욕이나 해야 할 정도의 인격을 가진 사람이 아니지 않습니까? 하나님의 형상을 입은 자답게 입에서 기도와 찬양이 나오게 하십시오. 더 이상 마음에 더러운 것을 담지 마십시오. 우리는 하나님의 형상과 모양으로 지으심을 받은 아름다운 존재입니다. 귀하고 거룩한 존재입니다. 성경은 진주를 돼지 앞에 던지지 말라고 말합니다(마 7:6). 우리는 보석 같은 존재입니다. 하나님이 우리를 보석 중에 보석으로 만들어 주셨는데, 그 진주를 돼지우리에 넣어 짓이겨 버려서야 되겠습니까?

부모는 자신들과 닮은 아이를 낳습니다. 그들의 형상이 아이에게 있습니다. '형상'이라는 말에는 '사진을 찍었다'라는 의미가 있습니다. 사진을 찍듯이 하나님의 형상을 내게 찍어 놓은 것이 바로 '나'입니다. 그러므로 내 얼굴에는 하나님이 있어야 합니다. 사람들이 나를 보면 마치 하나님을 보는 것과 같아야 합니다. 예수님은 "나를 본 자는 하나님을 본 것과 같다"고 말씀하셨습니다(요 14:9).

우리의 얼굴에서 마귀가 보이지 않기를 간절히 바랍니다. 우리의 얼굴에서 동물이 보이지 않기를 원합니다. 우리의 얼굴을 보면 예수님이 발견되고 천국이 생각나는 축복이 우리에게 있기를 바랍니다. 그렇게 만들어 주신 분이 예수 그리스도이십니다.

유전 인자가 세대를 거쳐 계속 이어지는 것처럼, 우리는 하나님의 유전 인자를 받은 사람들입니다. 왕은 왕같이 살아야 합니다. 왕이 거지같이 살면 안 됩니다. 기품이 있는 사람들은 걸음걸이부터 다릅니다. 모두 그렇게 걸어 다닐 수 있기를 바랍니다. 모든 고민을 홀로 다 짊어지고 곧 죽을 사람처럼 걷지 말고 어깨와 가슴을 펴고 하늘나라의 왕자와 공주같이 미소를 짓고 멋있고 고상하게 걸으십시오. 또 그렇게 말하고 사십시오. 왜냐하면 우리는 하나님의 형상과 하나님의 모양을 가진 존재이기 때문입니다.

하나님의 형상을 발견하는 또 한 가지 방법은 '나'를 보는 것입니다. 하나님은 우리에게 도덕적 성품을 주셨습니다. 그래서 하나님은 도덕적인 하나님이심을 알 수 있습니다. 내 마음에 사랑이 있으므로 하나님도 사랑의 하나님이시고, 내가 진리를 사모하는 것을 보니 하나님도 진리의 하나님이시라는 것을 알 수 있습니다. 또한 내가 거룩을 사모하는 것을 보면 하나님은 거룩하신 분입니다.

동물에게는 도덕적 성품이 없습니다. 상상력도 없습니다. 동물은 아름다움을 추구하지 않습니다. 동물은 자기가 아름다워도 그 사실을 알지 못합니다. 그러나 인간은 무한한 상상력과 아름다움과 예술을 생각합니다. 왜냐하면 하나님이 그런 분이시기 때문입니다.

또한 인간에게는 동물과 달리 언어가 있습니다. 동물은 나름대로의 의사소통 방법을 가지고 있긴 하지만 지극히 원시적입니다. 인간은 고도의 언어로 의사 전달을 합니다. 왜냐하면 하나님이 말씀하시는 분이기 때문입니다. 동물에게 없는 것 중에 또 하나가 인간에게 있습니다. 바로 예배입니다. 인간이 하나님께 경배하고 찬양하는 존재인 이유는 하나님은 예배를 받으시는 분이기 때문입니다.

또한 창세기 16장을 보면, 하갈이 도망갈 때 하나님의 천사를 만난 후 "하나님은 나를 살피시는 하나님이다"라고 말했습니다(창 16:13). 이 말씀에 의하면, 하나님은 보시는 하나님이라는 것을 알 수 있습니다. 하나님은 우리를 보고 계십니다. 하나님은 또한 듣고 계시는 분입니다. 시편 94편 9절은 "귀를 지으신 이가 듣지 아니하시랴 눈을 만드신 이가 보지 아니하시랴"라고 말합니다. 하나님은 우리와 동일한 눈을 가지고 계시지는 않을지라도 보고 계시며, 우리와 같은 귀를 가지지는 않으셨어도 들으시는 분입니다. 왜냐하면 하나님의 모양대로 우리를 만드셨기 때문입니다.

하나님은 냄새도 맡으십니다. 창세기 8장 21절은 대홍수가 끝난 후에 노아가 하나님께 번제물을 태워 제사를 드렸을 때 "여호와께서 그 향기를 받으시고"라고 기록하고 있습니다. 하나님은 번제물의 냄새도, 기도의 향도 맡으시는 분입니다.

하나님이 "야곱의 허벅지 관절에 있는 둔부의 힘줄을 쳤으므로"

라는 말씀이 창세기 32장 32절에 기록되어 있는 것을 보면, 하나님은 오셔서 치기도 하시고, 만지기도 하시는 분입니다. 그 하나님이 바로 예수님이십니다. 그분이 보지 못하는 맹인의 눈을 만지시면 눈을 뜨고, 그분이 죽은 자에게 손을 대시면 죽은 자가 살아났습니다. 하나님은 우리를 만지십니다. 성령은 우리에게 안수하십니다. 안수하실 때 마른 손이 펴지기도 하고, 상한 마음이 치유되기도 합니다. 바로 그분이 하나님이십니다. 하나님의 모양과 형상대로 우리를 지으신 하나님을 찬양합니다.

그리스도인의 사명은 하나님의 청지기

그러면 하나님은 왜 인간을 만드셨을까요? 창세기 1장 26절을 볼 때, 하나님은 다스리고 통치하는 관리자로 인간을 만드셨습니다.

> 그들로 바다의 물고기와 하늘의 새와 가축과 온 땅과 땅에 기는 모든 것을 다스리게 하자(창 1:26하).

이 말씀을 듣고도 쓰레기를 아무 곳에 버리거나 하수에 오물을 마구 버리는 사람이 없기를 바랍니다. 왜냐하면 하나님은 우리를 지구의 관리자로 부르셨기 때문입니다. 우리가 지구를 잘 관리해야 하는 이유는 대한민국의 환경법 때문이 아니라 하나님의 법 때문이며, 우리에게는 동물을 돌보고 세상을 잘 관리해야 하는 책임이 있기 때문입니다.

하나님은 인간에게 바다의 물고기와 하늘의 새와 가축과 온 땅과 땅에 기는 모든 것을 관리하고 다스리는 책임을 주셨습니다. 이것이 인간의 본분이며 사명입니다. 그저 자녀를 낳고, 돈 벌고, 잘 살고, 쾌락을 느끼며 동물같이 살라고 인간을 만드신 것이 아닙니다. 하나님의 형상을 따라, 하나님의 모양대로 사람을 지으셨고, 지구를 다스리고 관리하는 책임을 주셨습니다.

> 하나님이 자기 형상 곧 하나님의 형상대로 사람을 창조하시되 남자와 여자를 창조하시고(창 1:27).

히브리어로 '아담'은 '사람'이라는 뜻입니다. '인간'이란 남자와 여자를 의미합니다. 죄를 지은 인간은 여자를 학대하고, 때리고, 성 욕구를 충족시키는 도구나 자녀를 낳는 도구로 생각합니다. 이는 하나님이 인간을 남자와 여자로 창조하셨다는 사실을 믿지 않기 때문입니다.

남자나 여자나 똑같이 하나님의 형상을 가진 존엄한 인간입니다. 남자 없이 여자 없고, 여자 없이 남자 없습니다. 이것이 하나님의 질서이며 원칙입니다. 그러나 역사적으로 보면 죄를 지은 인간들이 얼마나 많이 이 원칙을 바꾸어 왔는지 모릅니다. 제일 나쁜 것은 남자와 여자의 성적 역할을 바꾼 것입니다. 호모와 레즈비언이 그것입니다. 이는 하나님의 질서를 깨뜨리는 것입니다. 남자는 남자이고, 여자는 여자입니다.

하나님은 남자와 여자를 만드실 때 "남자와 여자는 있을지어다"라고 말씀하시지 않고, 남자를 먼저 만드신 후 그 갈빗대를 취하여 여자를 만드셨습니다. 여자는 남자의 살 중에 살이요, 뼈 중에 뼈입니다. 남자와 여자는 하나입니다. 우리는 이러한 창조의 원리와 질서대로 세상과 가정과 사회를 만들어야 합니다. 그때 하나님의 축복이 임합니다.

하나님이 인간을 남자와 여자로 만드셨다는 것과 함께 또 중요한 점은 인간은 사명을 받은 존재라는 것입니다. 하나님이 제일 싫어하시는 것이 그저 놀고먹는 것입니다. 돈이 있어도 일하십시오. 인간은 돈 때문에 일하는 것이 아니라 사명 때문에 일합니다. 이것이 인간의 본질입니다. 하나님이 인간에게 어떤 사명을 주셨는가가 창세기 1장 28절에 나옵니다.

> 하나님이 그들에게 복을 주시며 하나님이 그들에게 이르시되 생육하고 번성하여 땅에 충만하라, 땅을 정복하라, 바다의 물고기와 하늘의 새와 땅에 움직이는 모든 생물을 다스리라 하시니라(창 1:28).

하나님은 인간에게 복을 주셨고, 생육하고 번성하여 땅에 충만하고, 땅을 정복하고 다스리라고 하셨습니다. '땅을 정복하라'는 것은 땅을 잘 관리하라는 뜻입니다. 이것이 창조의 목표입니다.

> 하나님이 이르시되 내가 온 지면의 씨 맺는 모든 채소와 씨 가진 열매 맺는 모든 나무를 너희에게 주노니 너희의 먹을거리가 되리라 또 땅의 모든 짐승과 하늘의 모든 새와 생명이 있어 땅에 기는 모든 것에게는 내가 모든 푸른 풀을 먹을거리로 주노라 하시니 그대로 되니라(창 1:29-30).

식물은 하나님이 주신 것입니다. 동물도 하나님이 인간을 위한 음식으로 주신 것입니다. 하나님은 환경 보호가 지나쳐서 우상이 되는 것도 기뻐하시지 않습니다.

> 하나님이 지으신 그 모든 것을 보시니 보시기에 심히 좋았더라 저녁이 되고 아침이 되니 이는 여섯째 날이니라(창 1:31).

지금까지는 그저 "좋았더라"였지만 창세기 1장 31절에는 "심히 좋았더라"라고 기록되어 있습니다. 왜냐하면 창조의 완성이기도 하고, 인간을 만드셨기 때문입니다. 예수님으로 말미암아 하나님이 지으신 모습 그대로 회복되어 이 세상을 변화시키는 축복이 우리에게 있기를 바랍니다.

부모는 자신들과 닮은 아이를 낳습니다. 그들의 형상이 아이에게 있습니다. '형상'이라는 말에는 '사진을 찍었다'라는 의미가 있습니다. 사진을 찍듯이 하나님의 형상을 내게 찍어 놓은 것이 바로 '나'입니다. 그러므로 내 얼굴에는 하나님이 있어야 합니다. 사람들이 나를 보면 마치 하나님을 보는 것과 같아야 합니다.

2부

사람이 생령이 되니라

창세기 2:1-25

우주 창조의 모든 과정에서 가장 중요한 것은 사람입니다.
우주와 역사와 인생의 주체는 하나님이십니다.
그러나 그 위대하신 하나님이 관심을 두시는 대상은
물건이나 환경이 아니라 사람입니다.

7

주가 쉬시니 나도 쉽니다

창세기 2:1-3

반복적인 일상을 의미 없이 살고 있다면

지금까지 창세기 1장을 통해 하나님의 천지 창조 과정을 배웠습니다. 하나님은 6일 동안 천지를 창조하셨습니다. 하나님은 창조를 하신 후에 언제나 "좋다"고 감탄하셨습니다. 그리고 마지막 날에는 심히 좋아하셨습니다.

> 하나님이 지으신 그 모든 것을 보시니 보시기에 심히 좋았더라 저녁이 되고 아침이 되니 이는 여섯째 날이니라(창 1:31).

하나님은 자신의 창조물을 보시고 참으로 좋아하셨습니다. 하나님이 보시기에 '심히 좋았더라'라는 말속에는 3가지 의미가 내포되어 있습니다.

첫째, 하나님의 창조에는 부족함이나 모자람이 없다는 것이고, 둘째, 하나님의 창조에는 미숙함이 없다는 것입니다. 하나님은 처음에 인간을 불완전하게 만드시고 차차 종(種)을 진화시켜 오늘의 인류를 만드신 것이 아니라 처음부터 아담과 하와를 만드셨습니다. 하나님은 우리를 부족함 없이 완전하게 만드셨습니다. 셋째, 완전한 균형과 조화가 있다는 것입니다. 창조물 상호 간에 부조화가 없게 만드셨습니다. 이것이 하나님의 창조입니다.

그러나 인간의 현실은 어떻습니까? 불완전하고 부조화합니다. 하나님이 그렇게 만드셨기 때문이 아니라 죄로 말미암아 인간이 타락했기 때문입니다. 지구에 기후 변화와 지진과 화산 폭발 등 재난이 있는 이유는 하나님의 창조가 부족해서가 아니라 인간의 죄 때문에 땅이 저주를 받았고 인간이 환경 관리를 잘못했기 때문입니다. 하나님의 창조는 완벽했습니다.

창조의 절정과 완성은 '안식'입니다. 하나님은 6일 동안의 창조를 마치신 후에 7일째인 마지막 날, 가장 위대한 창조를 하셨습니다. 그것은 안식입니다. 하나님은 아무것도 하지 않고 쉬셨지만 그것은 가장 위대한 창조였습니다. 하나님은 일과 휴식이라는 2개의 리듬을 가지고 계십니다. 창조와 안식이라는 두 리듬을 통해서 우주를 운행하고 계십니다. 따라서 우리도 일을 열심히 해야 하지만 반드시 쉬기도 해야 합니다. 땅도 쉬어야 하고 인간도 쉬어야 합니다.

하나님이 우주 만물을 안식의 원리를 통해서 재창조하시고, 회복시키시고, 운행하신다는 사실을 창세기를 통해서 알 수 있습니다.

> 천지와 만물이 다 이루어지니라 하나님이 그가 하시던 일을 일곱째 날에 마치시니 그가 하시던 모든 일을 그치고 일곱째 날에 안식하시니라(창 2:1-2).

하나님은 6일 동안 창조를 하신 후에 일곱째 날에도 창조를 하셨는데, 이것이 창조의 결론이며 완성입니다. 그것은 무엇을 만드신 것이 아니라 즐기신 것입니다. 중요한 것은 하나님이 만드신 것을 즐기신 것입니다. 이것이 축복입니다. 하나님이 창조하신 사실과 그 위대한 능력을 감상하고, 기뻐하고, 즐기는 날이 바로 안식일이었습니다. 따라서 모든 창조에는 안식이 있어야 합니다. 그때 축복과 회복이 일어납니다.

일이라는 것은 끝이 있습니다. 끝이 있을 때 시작이 있습니다. 일을 쉬지 않고 하는 사람을 '일중독자'라고 합니다. 끊임없이, 쉬지 않고 일을 하면 몸도 땅도 고장이 납니다. 하나님의 창조 질서에는 쉼이 있습니다. 안식이 바로 그것입니다.

일만 계속 하기 위해 태어난 사람을 '노예'라고 부릅니다. 노예는 일의 가치를 느끼지 못하고 일합니다. 노예는 그저 일하기 위해 존재하는 것입니다. 끝없이, 계속해서 일해야 합니다.

이스라엘 백성이 애굽에서 아무런 목적도 없이 400년 동안 노예로 끊임없이 일했던 것을 기억해 봅시다. 하나님은 애굽에서 노예 생활을 하고 있던 이스라엘 백성을 자녀로 삼으시고 하나님을 찬양하고 경배하는, 안식일을 지키는 백성으로 만들기 위해 애굽에서 나오게 하셨습니다. 이스라엘 백성이 애굽을 나온 것은 어떤 의미에서 보면 '안식을 위한 탈출'이라고 말할 수 있습니다.

다람쥐 쳇바퀴 돌 듯 매일 똑같은 생활을 하며 돈 벌기 위해 사는 사람들, 쾌락을 위해 사는 사람들, 인생의 성공과 명예를 위해 사는 수많은 사람은 노예와 같은 삶을 사는 것입니다. 아무리 멋진 시민이고, 돈이 많고, 지위가 높다 하더라도 그의 삶은 노예와 같습니다. 노예의 삶으로부터의 해방이 바로 안식의 삶입니다.

휴식 없이 일만 하는 사람은 마치 서커스단에서 음식을 얻기 위해 재주를 넘는 불쌍한 곰과 같습니다. 그런데 세상 대부분의 사람들이 그렇게 반복적인 삶을 의미 없이 살아가고 있습니다. 그래서 하나님이 창조의 절정에 안식의 축복을 주신 사실은 참으로 놀랍고 감동적인 것입니다.

안식일을 지키는 사람은 하나님의 자녀로 사는 사람입니다. 노예의 삶에서 벗어나 하나님의 자녀로서의 삶을 사는 사람입니다. 안식일을 지키는 사람은 자유인입니다. 한 주간 세상에서 살다가 모든 것을 내려놓고 교회에 왔다는 것은 축복입니다. 세상과의 관계를 잊고 교회에 와서 하나님께 예배를 드리는 것이 영적으로 살아나고 회복되는 길입니다. 다시 세상에 나가서 승리하는 비결은 바로 주일에 교회에서 주님을 경배하고, 찬양하며, 하나님의 이름을 높여 드리는 것입니다. 그럴 때 우리는 창조의 축복으로 다시 회복됩니다.

창세기 2장 1절이 "천지와 만물이 다 이루어지니라"라고 말하듯이, 예수님도 십자가에 못 박히셨을 때 "다 이루었다"(요 19:30)고 말씀하셨습니다. 하나님의 창조가 완벽한 것처럼 예수 그리스도의 십자가 구원도 완벽하다는 의미입니다. 하나님의 구원은 완벽합니다. 그분께는 부족함이 없고 미숙함이나 부조화가 없습니다. 저는 우리의 삶도 안식을 통해 부족함이 없고, 미흡함이 없고, 균형 있는 삶이 되기를 바랍니다.

> 하나님이 그 일곱째 날을 복되게 하사 거룩하게 하셨으니 이는 하나님이 그 창조하시며 만드시던 모든 일을 마치시고 그날에 안식하셨음이니라(창 2:3).

일곱 번째 창조인 안식이 중요한 이유는 하나님이 일곱째 날을 축복하시고 거룩하게 하셨기 때문입니다.

안식일은 하루 종일 주님의 날

첫째 날부터 여섯째 날까지 창조를 하신 후 하나님은 "좋다"고 감탄하셨습니다. 그렇지만 이날들을 복되게 하셨다는 말은 없습니다. 일곱째 날만 복되게 하셨습니다. 따라서 우리가 복 받는 비결은 하나님이 복 내려 주신 날을 열심히 지키는 것입니다. 주일에 엉뚱한 곳에 가지 마십시오. 복 받은 날에 헌신하면 복 받게 되어 있습니다. 사람들은 복 받기 원하면서도 주일은 무시합니다. 지위가 높아지고 돈이 많아지면, 혹은 국회의원이 되고 장관이 되면 바쁘다는 핑계로 교회에 오지 않습니다. 그러나 아무리 돈이 많아지고 지위가 높아지더라도 주일은 꼭 기억하고 지켜야 합니다. 이것이 복 받는 비결입니다. 왜냐하면 하나님이 일곱째 날을 복되게 하셨기 때문입니다.

하나님을 경외하는 민족과 백성은 망하지 않습니다. 하나님을 경외하는 사람에게는 하나님이 복을 주십니다. 교회에 나오는 일은 단순한 사건이 아닙니다. 장사하기 위해 교회에 나오는 것이 아닙니다. 하나님을 만나고 예배하기 위해 교회에 나오는 것입니다. 인생에 있어서 하나님을 경외하는 것만큼 중요한 일은 없습니다. 제7일에 하나님이 복을 주셨다는 사실을 명심하십시오. 안식일을 사랑하고 정성을 들이십시오. 하나님이 우리 가족과 건강과 삶의 모든 것에 부어 주시는 복이 있을 것입니다.

하나님이 복을 주신 일곱째 날에 대한 특별 명령이 십계명에도 있습니다. 십계명은 우리가 꼭 지켜야 하는 하나님의 명령입니다. 십계명은 단지 구약 시대에만 국한되는 계명이 아니고, 하나님을 믿는 모든 사람이 어느 시대에나 지켜야 하는 원칙입니다. 십계명 중에서도 하나님은 제4계명을 지키기 원하십니다. 출애굽기 20장 8-11절은 안식일에 관해 다음과 같이 말합니다.

안식일을 기억하여 거룩하게 지키라 엿새 동안은 힘써 네 모든 일을 행할 것이나 일곱째 날은 네 하나님 여호와의 안식일인즉 너나 네 아들이나 네 딸이나 네 남종이나 네 여종이나 네 가축이나 네 문 안에 머무는 객이라도 아무 일도 하지 말라 이는 엿새 동안에 나 여호와가 하늘과 땅과 바다와 그 가운데 모든 것을 만들고 일곱째 날에 쉬었음이라 그러므로 나 여호와가 안식일을 복되게 하여 그날을 거룩하게 하였느니라(출 20:8-11).

이처럼 하나님이 쉬셨기 때문에 우리도 쉬고, 하나님이 일하시니 우리도 일하는 것입니다. "그러므로 나 여호와가 안식일을 복되게 하여 그날을 거룩하게 하였느니라"라는 11절 말씀을 주목해 보십시오. 창세기에서와 같이 출애굽기에서도 하나님이 안식일을 복되게 하셨다고 말합니다. 이 말씀은 하나님이 안식일을 복되게 하셨고, 안식일을 기억해 그날에 하나님을 경외하는 사람에게 복을 줄 것이며, 안식일을 하나님이 특별히 거룩하게 하겠다고 약속하신 것입니다. 환난이 오나, 고난이 오나, 역경이 오나 하나님을 기쁘시게 하십시오. 안식일의 복을 놓치지 않기를 바랍니다.

그런데 재미있는 것은, 하나님은 한 사람만 안식일을 지키라고 말씀하시지 않고 가족들도 지키게 하라고 하셨습니다. 어떤 사람은 자신만 예수 믿으면 되는 줄 압니다. 그렇지 않습니다. 가족 전체가 예수 믿고 복 받기를 바랍니다. 가족이나 가축까지도 복을 받아야 합니다. 기숙하는 손님까지도 그 집 때문에 복 받기를 바랍니다. 그 비밀이 안식에 있습니다.

현대의 모든 사상은 안식을 지킬 수 없게 만듭니다. 모든 관공서의 시험이나 학교의 시험까지 주일에 치러집니다. 재미있는 오락도 모두 주일에 행해집니다. 그러나 주일은 모두가 하나님을 경외하고, 가난한 자를 구제하고, 병든 자를 돕는 복되고 아름다운 날이 되어야 합니다. 쾌락을 누리는 날이 되어서는 안 됩니다. 사람들은 모두 주일에 쉬어야 합니다.

자기를 기쁘게 하는 사람에게는 평안이 없습니다. 쾌락을 즐기는 사람의 마음은 가볍지 않습니다. 좋지 않고, 오히려 더 힘이 듭니다. 우리가 탈진하고 피곤한 이유는 우리의 육체를 위해 살기 때문입니다. 육체의 유익을 위해 사는 사람은 계속해서 갈등만 증폭됩니다. 그러나 영혼을 위해, 남을 도우며 사는 사람은 몸은 조금 피곤할지라도 마음이 항상 천국 같습니다. 일주일에 하루를 하나님을 기억하는 특별한 날로 만들라는 명령은 놀라운 축복의 말씀입니다.

또한 안식일을 '거룩하게 하였다'는 말은 '구별했다'는 뜻입니다. 안식일은 월요일부터 토요일까지와는 다른 날이라는 의미입니다. 어떤 사람들은 "주일만 주일입니까? 월요일이나 화요일도 항상 주일입니다" 하며 믿음이 아주 좋은 것같이 말합니다. 그러나 모든 날이 중요하다는 말은 반대로 아무 날도 중요하지 않다는 말과 같습니다. 주일을 확실히 지키지 못하는 사람은 월요일도 확실히 지키지 못합니다. 주일을 잘 지키면 일주일을 복 받습니다.

주일을 엉망으로 보낸 사람은 일주일이 엉망이 됩니다. 주일은 우리의 날이 아니라 하나님의 날입니다.

예수를 믿지 않는 사람에게 주일은 공휴일입니다. 그들은 주일이 자기의 날이고 쉬는 날이라고 생각합니다. 그렇지 않습니다. 십일조가 경제의 축복을 받는 비결이듯이, 안식일을 지키는 것은 세상과 육체 생활의 축복의 비결입니다. 그러므로 안식일을 경홀히 여기지 마십시오.

안식일의 위기는 안식일을 24시간으로 여기지 않고 2시간으로 여기는 데 있습니다. 예배드리는 시간만 안식일이고 예배를 마치면 '이날은 내 날이다'라고 생각하는 사람들이 많습니다. 아닙니다. 안식일은 하루 종일 주님의 날입니다. 하나님을 기쁘시게 하는 날입니다. 안식일은 가족끼리 모여서 서로를 섬기는 날입니다. 주일에 원근 각처에 있던 가족들이 모여 점심을 먹고 서로를 축복하는 날로 삼는 것이 가장 좋습니다. 안식일은 하나님께 경배하고 찬양하는 날입니다. 아침부터 저녁까지 온전히 주님의 집에서 하나님께 예배하고, 찬양하고, 섬기는 축복이 있게 되기를 바랍니다.

안식일을 귀히 여기는 자를 하나님은 귀히 여기신다

안식일을 잘 지키는 비결은 예수님을 통해 배울 수 있습니다. 예수님은 안식일에 병을 고치셨습니다. 주일에 심방 가게 되기를 바랍니다. 병든 자를 심방하는 것은 예수님이 병자들을 고쳐 주신 것과 같은 의미가 있습니다.

예수님이 제자들과 함께 밀밭 사이를 걸어가셨는데, 그때 배고픈 제자들이 밀 이삭을 잘라 먹었습니다. 그 모습을 본 바리새인들이 "보시오 당신의 제자들이 안식일에 하지 못할 일을 하나이다"(마 12:2) 하고 공격했습니다. 다시 말해, "당신의 제자들은 엉터리다. 안식일을 범했다"고 말한 것입니다. 그러나 예수님은 구약 시대 다윗의 예를 들어 "배고픈 다윗은 제사장만 먹는 성전의 떡을 먹었다"고 응수하셨습니다.

안식일이라도 배고픈 사람은 밥을 먹어야 합니다. 가난한 자에게 먹을 것을 주어야 하고, 병든 자를 고쳐 주어야 합니다. 불쌍한 사람을 도와주는 것이 진정한 안식입니다. 자신의 쾌락과 영광을 위해 사는 날이 아닙니다. 예수님은 사람이 안식일을 위해 있는 것이 아니라 안식일이 사람을 위해 있고 "내가 안식일의 주인이다"라고 말씀하셨습니다(마 12:8).

예수님은 안식일에 18년 동안 귀신 들려 앓고 있는 여자를 보고 고쳐 주셨습니다. 그러자 많은 사람이 안식일에 병을 고쳤다면서 분을 내며 비난했습니다. 그때 예수님은 이렇게 말씀하셨습니다.

> 주께서 대답하여 이르시되 외식하는 자들아 너희가 각각 안식일에 자기의 소나 나귀를 외양간에서 풀어내어 이끌고 가서 물을 먹이지

아니하느냐 그러면 열여덟 해 동안 사탄에게 매인 바 된 이 아브라함의 딸을 안식일에 이 매임에서 푸는 것이 합당하지 아니하냐(눅 13:15-16).

예수님은 이 밖에도 안식일에 손 마른 자를 고쳐 주셨고(막 3:1-5), 38년 동안 걷지 못한 사람을 고쳐 주셨습니다(요 5:1-9).

안식일을 어떻게 지켜야 할지 잘 생각해 보십시오. 안식일을 지키는 자는 복을 받을 것입니다. 안식일을 귀히 여기는 자는 하나님이 귀히 여기실 것입니다. 안식일에 배고픈 자에게 먹을 것을 주고, 병든 자를 고쳐 주고, 실망한 자를 도와주고, 하나님을 섬기고 찬양하고 경배하면 그 영혼이 축복받을 뿐만 아니라 그의 가정에도, 그의 삶에도 하나님이 기름 부어 주실 줄 믿습니다.

안식일에는 영원한 안식이 있습니다. 우리의 성전은 완전한 성전이 아닙니다. 하늘나라에 새 하늘과 새 땅이 있습니다. 우리는 모두 그곳에 가게 될 것입니다. 교회라는 장소에서 안식을 지키고 예배를 드리지만 진짜 영원한 안식은 그곳에 있습니다. 새 하늘과 새 땅에서 온전한 예배를 드릴 날이 올 것입니다.

죽음과 절망, 죄 등 온갖 잡다한 것이 많은 세상에서 우리의 신앙이 자라는 비결은 하나님이 복을 주시고 거룩하게 하신 안식일을 잘 지키는 것입니다. 그때 하나님이 우리에게 창조의 축복을 회복시켜 주시고 거룩한 삶을 살 수 있도록 역사하실 것입니다.

8

주님, 저는 한낱 흙이오니 날 빚으소서

창세기 2:4-7

그럼에도 하나님은 나를 하나님처럼 생각해 주신다

창세기 1장 1절부터 2장 3절까지의 주제는 '창조'입니다. "태초에 하나님이 천지를 창조하시니라"라는 말씀으로 시작해서 하나님이 창조를 모두 마치시고 제7일에 안식하셨다는 내용으로 끝납니다. 진정한 안식은 새로운 창조를 만들어 냅니다. 하나님의 창조에는 부족함이나 불균형이 없습니다. 그러나 사탄이 인간에게 죄를 짓게 함으로 하나님의 창조 질서가 깨지고 말았습니다. 창조 질서의 회복은 안식을 통해서만 가능합니다.

안식은 회복을 의미합니다. 거룩한 주일을 보냄으로 우리가 창조의 세계로 나아가고 무너진 건강과 사업과 가정의 회복이 일어나기를 바랍니다. 하나님이 주일을 복되게 하셨기 때문입니다. 우리의 모든 것은 교회에서 예배를 드릴 때 회복됩니다.

지금까지 살펴보았듯이, 창세기 1장은 '하나님'이 중심이었습니다. 그런데 창세기 2장 4절부터는 지금까지 설명해 온 창조와는 다른 각도에서 봅니다. 이것은 마치 창세기 1장 1절부터 시작되어 펼쳐지는 커다란 창조의 파노라마 중 한 곳에 스포트라이트를 비춘 것과 같습니다. 그 스포트라이트는 은하계도 아니고, 빛도 아닌, 바로 사람을 비추고 있습니다.

창세기 1장은 하나님에 대해, 2장은 사람에 대해서 말하고 있는데, 우주 창조의 모든 과정에서 가장 중요한 것은 사람입니다. 우주와 역사와 인생의 주체는 하나님이십니다. 그러나 그 위대하신 하나님이 관심을 두시는 대상은 물건이나 환경이 아니라 사람입니다.

> 이것이 천지가 창조될 때에 하늘과 땅의 내력이니 여호와 하나님이 땅과 하늘을 만드시던 날에(창 2:4).

창세기 1장과 2장에서 설명하는 천지 창조는 서로 조금 다릅니다. 그래서 갈등의 요인이 될 수 있지만, 사실 그것은 갈등의 문제가 아니라 초점의 문제입니다. 2장에서는 인간에게 초점을 맞추어 창조를 새롭게 설명한 것입니다.

창세기 1장 1절부터 2장 3절은 장엄하고, 능력 있고, 위대하신 '하나님'에 대한 설명이 나옵니다. 하나님에 대한 호칭도 '엘로힘'을 사용했습니다. 그러나 창세기 2장 4절부터는 '여호와 하나님'이라는 단어로 바뀝니다. 다시 말하면, '사랑의 하나님, 우리에게 관심을 가지시는 하나님'으로 표현이 달라진 것입니다. 창세기 2장 5-6절을 보십시오.

> 여호와 하나님이 땅에 비를 내리지 아니하셨고 땅을 갈 사람도 없

었으므로 들에는 초목이 아직 없었고 밭에는 채소가 나지 아니하였으며 안개만 땅에서 올라와 온 지면을 적셨더라(창 2:5-6).

창세기 1장에 천지 창조에 대한 설명이 있음에도 왜 또다시 이런 설명이 기록된 것일까요? 예를 들면 이렇습니다. 한 사업가가 공장에 기계 설비를 할 때 여러 가지 기계가 많이 설치됩니다. 그때 그 기계들을 갖다 놓았다고 해서 바로 가동할 수 있는 것이 아닙니다. 각 기계들이 설계사가 원하는 대로 설치되고 연결되어야 움직입니다. 기계 사이에는 유기적인 관계가 있기 때문입니다.

하나님은 완벽한 창조를 하셨고, 이제 운행하고 계십니다. 그러나 인간이 만들어지기까지는 운행되지 않습니다. 왜냐하면 인간이 우주 만물을 다스리는 주인공이기 때문입니다. 주인공이 나타나기 전까지 우주는 움직이지 않습니다.

하나님이 하늘과 땅을 만드시고 하늘에 구름을 창조하셨지만 아직 비가 내리지 않는 대기 상태였습니다. 지구에 흙을 만드셨지만 그곳에 인간이 없기 때문에 경작할 것도, 초목도 아직 없었고 밭에는 채소가 나지 않았습니다. 그리고 수증기로 형성된 안개만 지구 위에 가득했습니다. 그러다 인간이 나타나면서 모든 우주 만물을 통치하고 다스리는 일이 시작된 것입니다.

창세기 2장에 나오는 창조는 1장에서와 달리, 6일 동안의 창조를 다시 설명하지 않고 인간의 창조에 초점을 맞추어 인간이 창조되기 이전에 대해 설명하고 있습니다. 창세기 1장 26절을 보십시오.

> 하나님이 이르시되 우리의 형상을 따라 우리의 모양대로 우리가 사람을 만들고 그들로 바다의 물고기와 하늘의 새와 가축과 온 땅과 땅에 기는 모든 것을 다스리게 하자 하시고(창 1:26).

하나님은 인간을 하나님이 창조하신 바다의 물고기와 하늘의 새와 가축과 온 땅과 땅에 기는 모든 것, 즉 하나님의 모든 창조물을 다스리는 관리인으로, 하나님의 창조물의 책임자로 만들기로 결정하셨습니다. 그래서 인간이 창조되기 전에는 운행되는 것이 없었던 것입니다. 인간이 완성되어야만 하나님이 만드신 모든 창조물이 유기적으로 움직이게 되어 있었던 것입니다. 창세기 1장 27절을 다시 한 번 보십시오.

> 하나님이 자기 형상 곧 하나님의 형상대로 사람을 창조하시되 남자와 여자를 창조하시고(창 1:27).

창조물 중 가장 중요한 존재는 동물이나 식물이 아닌 인간입니다. 하나님은 인간을 아주 귀하게 생각하십니다. 하나님은 인간을 하나님처럼 생각해 주십니다. 우리는 동물과 비교될 수 없는 아주 귀한 존재입니다. 인간은 배고프면 마땅히 먹을 특권이 있습니다.

하나님은 우리를 이 세상의 관리인으로 살 고귀한 존재로 만들어 주셨습니다.

우리는 이 말씀에서 두 가지 정보를 얻을 수 있습니다.

첫째, 인간이 하나님의 형상을 따라 만들어졌다는 것입니다. 이 말의 뜻은 인간은 동물이 아니라는 것입니다. 그러나 타락한 인간은 인간을 동물 취급합니다. 하나님의 형상으로 만들어진 인간으로 인정하지 않습니다. 이것은 죄의 결과입니다. 인간이 하나님의 형상으로 지으심을 받았다는 사실을 믿으십시오.

자식은 부모를 닮습니다. 자식이 아버지를 닮듯이, 인간은 하나님을 닮았습니다. 왜냐하면 하나님의 형상이 인간 안에 있기 때문입니다. 그러므로 사람들이 우리를 보고 하나님을 느낄 수 있게 되기를 바랍니다. 우리의 얼굴에 "나는 하나님의 아들(딸)이다"라고 쓰여 있기를 바랍니다. 그러나 인간임에도 인간 같지 않은 얼굴을 하고 사는 사람들이 있습니다. 무섭고, 분노하고, 복수하고, 죽이는 얼굴을 볼 수 있습니다.

둘째, 하나님은 자기의 형상대로 사람을 창조하시되 '남자와 여자'로 창조하셨다는 것입니다. 하나님은 인간을 한 가지 성(性)으로 만드시지 않고 남자와 여자로 만드셨습니다. 남자는 남자이고, 여자는 여자입니다. 남자와 여자의 생김새나 기능이 다른 것이 하나님의 창조 원리입니다.

그런데 인간은 타락한 이후 남자와 여자의 성을 혼돈하게 만들었습니다. 마귀는 문화를 이용해 하나님의 창조 원리를 위배하게 만듭니다. 이것은 무서운 유혹입니다. 요즈음은 '유니섹스'의 문화입니다. 여자가 남자 옷을 입고, 남자가 여자 옷을 입습니다. 문화이기 때문에 용인할 수 있다고 생각하지만, 이런 문화가 발전하다 보면 결국 동성연애로 흘러갈 수 있습니다. 동성연애는 죄입니다. 참으로 무서운 결과입니다. 남자와 여자를 구별하지 않게 됩니다.

남자는 남자이고, 여자는 여자입니다. 남자는 남자가 되어야 하고, 여자는 여자가 되어야 합니다. 그러나 우리가 살고 있는 세상 문화는 성을 바꾸고 하나님의 형상대로가 아니라 짐승같이 살게 합니다.

하루살이 앞에서 무너지고, 죽으면 티끌로 돌아가는 존재

창세기 2장 7절은 창세기 1장 27절과 연결해서 인간의 본질에 대해 설명합니다. 창세기는 1장에서 창조의 대략을 설명한 후 2장 초반부에서는 "인간이 창조되기 전에는 아무것도 운행되지 않았으며 온 우주는 인간이 창조되기를 기다리고 있었다"고 말합니다. 그 인간을 하나님이 어떻게 구성하셨는지가 창세기 2장 7절에 나오는 것입니다.

여호와 하나님이 땅의 흙으로 사람을 지으시고 생기를 그 코에 불어 넣으시니 사람이 생령이 되니라(창 2:7).

인간의 몸은 흙으로 만들어졌습니다. 흙은 땅에서 오는 물질입니다. '먼지', '티끌'이라고 말할 수 있습니다. 도예가가 흙으로 작품을 만들듯이 하나님은 인간을 흙으로 만드셨습니다. 흙이란 인간의 오장육부와 뼈와 피와 살을 의미합니다.

우리가 건강할 때는 인간이 흙으로 만들어졌다는 사실을 자각하지 못합니다. 그러나 병이 들고 고통을 받으면 심각하게 느껴집니다. 우리는 흙으로 된 몸에 향수도 뿌리고 좋은 옷도 걸칩니다. 그러나 기억하십시오. 인간은 흙입니다.

욥은 건강할 때는 자신의 육체가 흙으로 만들어졌다는 사실을 몰랐지만, 심한 고통을 당하게 되었을 때 그 사실을 묵상했습니다. 욥기 4장 19절은 인간을 가리켜 "하물며 흙집에 살며 티끌로 터를 삼고 하루살이 앞에서라도 무너질 자"라고 말합니다. 그렇습니다. 인간은 하루살이 앞에서 무너지고, 죽으면 티끌로 돌아가는 존재입니다. 또 욥기 10장 9절을 보면, 욥은 "기억하옵소서 주께서 내 몸 지으시기를 흙을 뭉치듯 하셨거늘 다시 나를 티끌로 돌려보내려 하시나이까"라고 말했습니다.

이렇듯 인간은 죽음이 가까우면 자신이 흙이라는 사실을 인정하게 됩니다. 그러나 우리는 부활할 때 새 몸을 입게 됩니다.

첫 사람은 땅에서 났으니 흙에 속한 자이거니와 둘째 사람은 하늘에서 나셨느니라(고전 15:47).

예수님과 우리의 차이점은 우리는 흙에서 왔고, 예수님은 하늘에서 오셨다는 것입니다. 우리는 인간이 흙이라는 사실을 깨닫고 살아야 합니다. 그러나 우리는 비록 흙이지만 하나님의 생명을 가진 존재입니다. 창세기 2장 7절을 보면, 하나님이 흙으로 사람을 지으시고 하나님의 생명을 그 코에 불어 넣어 주셨습니다. 그러므로 인간은 단순히 흙이 아니라 하나님의 생명을 가진 존재입니다.

인간의 육신은 흙이므로 세상과의 통로입니다. 그래서 우리는 배고프면 밥을 먹어야 하고, 피곤하면 잠을 자야 합니다. 그것을 부인할 수 없습니다. 한편 "사람이 떡으로만 살 것이 아니요 하나님의 입으로부터 나오는 모든 말씀으로 살 것이라"라는 마태복음 4장 4절 말씀은 인간의 육신은 떡으로 살고, 인간의 영은 하나님의 말씀으로 산다는 의미입니다. 육신이 세상과 물질을 연결하는 통로라면, 생명과 영은 하나님과 연결하는 통로입니다. 그러므로 우리가 하나님의 생명과 영을 잃어버리면 하나님과 교제할 수 없습니다. 성경은 "하나님은 영이시니 예배하는 자가 영과 진리로 예배할지니라"(요 4:24)라고 말합니다.

어떤 사람들은 육신을 가지고 있고, 물질과 쾌락을 잘 알고 있습니다. 그렇지만 그 안에 하나님의 영이 없습니다. 그런 사람은 하나님에 대해서 무지합니다. 하나님은 물질인 인간에게 하나님의 영을 넣어 주셔서 하나님이 거하실 공간을 만드셨습니다. 이 사실에서 우리는 인간은 흙으로 만들어졌지만 흙만도 아니고, 하나님의 영이 있지만 영이기만 한 것도 아니라는 점을 배우게 됩니다. 흙과 하나님의 생기인 성령으로 만들어진 존재를 '생령'이라고 부릅니다. 생령이 곧 사람입니다. 하나님의 영과 흙으로 만들어진 혼이 '사람'입니다. 물질에 하나님의 영이 들어간 것이 생령입니다.

하나님의 영이 내 육신을, 내 자아를 살리신다

최초의 인간 아담은 하나님이 만드신 완전한 인간이었기 때문에 외로움이나 고통이나 불완전함이 전혀 없이 하나님과 교제하는 축복된 존재였습니다. 그러나 인간이 사탄의 유혹으로 말미암아 타락하고 죄를 받아들임으로써 하나님께 반역하면서부터 남은 것은 육신뿐, 인간 안에 있던 하나님의 영이 없어져 버렸습니다. 여기에서 인간의 고독과 외로움과 갈등이 시작되었습니다.

세상의 많은 소설의 주제가 고독한 인간을 다루고 있습니다. 하나님의 영을 상실한 사람들입니다. 하나님의 영을 상실한 사람은 길을 잃어버린 배와 같습니다. 방향이 없고, 목적도 없고, 사는 이유도 모르고, 그저 그렇게 동물처럼 살아갑니다. 그러나 그렇게 단순히 동물처럼 살 수도 없습니다. 왜냐하면 자신이 동물이 아니라는 사실을 알기 때문입니다.

죽음이 다가오면 인간은 불안해집니다. 자신의 영이 어디로 갈지 모르기 때문입니다. 하나님의 영이 없기 때문입니다. 그러므로 인간의 진정한 회복은 하나님의 영이 회복되는 것입니다. 하나님의 영을 회복하는 길은 오직 생명이신 예수 그리스도를 믿고 영접하는 것입니다. 하나님의 영이 임하시면 우리 안에 하나님이 들어오시고, 구원이 이루어지고, 능력이 임하고, 하늘의 기쁨이 자리 잡게 됩니다. 이제까지 세상의 기쁨을 갖고 살던 사람이 하늘의 기쁨을 맛보게 되고, 죽음만 경험하던 사람이 부활을 경험하게 됩니다.

하나님의 영은 부활의 영이시며, 그리스도의 영이시며, 성령의 영이십니다. 예수 그리스도를 믿음으로 태초에 창조되었던 모습으로 돌아가게 됩니다. 이때 고독과 절망과 좌절과 허무를 경험하고 있던 영혼은 구원을 받고 천국을 경험하게 됩니다. 또한 절망에서 살아나고, 병에서 치료받고, 모든 사탄의 세력에서 놓임을 받게 됩니다.

그러나 교회에 나왔다고 모두 구원을 받는 것은 아닙니다. 예수 그리스도를 믿어야 구원을 받습니다. 성경은 아들이 있는 자에게 생명이 있고 아들이 없는 자에게는 생명이 없으며, 하나님이 아들 안에 생명을 주셨다고 말합니다(요일 5:11-12). 그렇기 때문에 예수를 믿어야 하는 것입니다. 예수 그리스도를 믿어야 하나님의 영이 내 안에 들어오고, 하나님의 영이 내 안에서 회복되어야 나의 육신도 살고 자아도 살아납니다. 육신은 세상과의 통로이며, 영은 하나님과의 통로입니다.

바울은 "그런즉 누구든지 그리스도 안에 있으면 새로운 피조물이라 이전 것은 지나갔으니 보라 새것이 되었도다"(고후 5:17)라고 했습니다. 또한 예수님은 니고데모에게 "사람이 거듭나지 아니하면 하나님의 나라를 볼 수 없느니라"(요 3:3)라고 말씀하셨습니다. 니고데모는 이 말씀을 이해할 수 없었습니다. 아직도 수많은 사람이 니고데모와 같이 거듭나라는 말씀을 이해하지 못합니다. '어떻게 나이가 먹어서 다시 어머니 배 속에 들어갔다 나오라는 말인가?' 하고 생각합니다.

그러나 거듭난다는 것은 예수님을 영접함으로 말미암아 하나님의 영이 회복된다는 것입니다. 뿐만 아니라 인격도, 육신도 회복되어 온전해져서 하나님의 영광의 광채 안에 들어가는 것입니다. 이것이 진정한 인간입니다. 인간은 육신만도 아니고, 영이나 혼만도 아닙니다. 이 3가지가 함께 온전해질 때 본래 하나님이 창조하셨던 모습으로 살아가게 됩니다.

9

오늘 내 손에 든 것은 생명나무 열매입니까?

창세기 2:8-17

우리 집에 기쁨이 있다면 그곳이 에덴동산

창세기 1장은 '하나님', 2장은 '인간'이 각각 주제입니다. 1장의 하나님은 천지를 창조하신 능력 있고 권능 있는 분으로 나타납니다. 2장에서 하나님은 인간을 만드신 섬세한 사랑의 하나님으로 나타납니다. 한편 우리는 창세기 2장 7절을 통해 하나님이 흙으로 사람을 지으사 그 코에 생기를 불어 넣어 생령을 만드셨다는 말씀을 배웠습니다.

성경은 최초의 사람을 '아담'이라고 부릅니다. 하나님은 아담을 지으시고, 동시에 아담이 고독하지 않게 거처할 완벽한 환경인 동산을 만들어 주셨습니다. 하나님은 참으로 자상하시고, 섬세하시며, 놀라우신 분입니다.

그러므로 하나님은 싸우고, 이혼하고, 고통받으며 살도록 우리를 세상에 보내신 것이 아닙니다. 우리가 이 세상에 보내심을 받았을 때 이미 하나님의 놀라운 계획과 축복이 있었음을 믿습니다. 혹시 건강이 나쁘거나 사업이 어렵더라도 믿음을 가지고 기도하고 나가면 새로운 세상이 열릴 것입니다. 왜냐하면 하나님은 어떤 환경에서도 자기 백성을 지키시는 분이기 때문입니다. 이런 믿음을 갖지 못하고 절망하고, 좌절하고, 의심하고, 자포자기하는 데 문제가 있습니다. 자포자기하는 사람은 하나님도 어떻게 하실 수 없습니다.

하나님은 이 지구상에 아담이 살 수 있는 최초의 하나님 나라를 만들어 주셨습니다. 가장 좋은 장소인 해가 뜨는 동쪽을 선택해 에덴동산을 창설하셨습니다.

죄를 짓고 에덴에서 쫓겨난 후의 인간들은 에덴동산을 상상하지 못합니다. 고독하고, 춥고, 외롭고, 배고프고, 생존 경쟁이 치열한 세상밖에 경험하지 못했기에 우리에게는 사회나 가정에 대한 이상이 없습니다. 예수 믿는 사람들조차도 에덴동산의 그림을 그릴 수 없습니다. 그래서 늘 우울합니다. 이 장을 통해 우리의 영혼에 에덴동산에 대한 회복이 일어나기를 바랍니다. 마음이 어려운 사람들이 치유되기를 원합니다.

창세기 2장 8절을 보면 신비로운 시작이 있습니다. 하나님이 아담을 위해 예비해 놓으신 집은 어마어마한 제국이 아니었습니다. 큰 빌딩도 아니고, 여리고성 같은 성읍도 아니고, 군대와 무기가 있는 요새도 아니고, 그렇다고 화려하게 번쩍이는 도시도 아니었습니다. 그저 소박하고 아름답고 예쁘고 쉴 수 있고 잠잘 수 있는 곳, 노래를 부를 수 있고 하나님과 대화할 수 있는 동산이었습니다.

그러나 죄를 지은 인간은 하나님이 주신 동산에 만족하지 못하고 제국을 만들려고 합니다. 로마 제국, 러시아 제국, 일본 제국 등 제국을 만들어 세계를 통치하려는 야망을 가졌습니다. 그것은 하나님의 나라가 아닙니다. 이런 제국을 만들려는 꿈이 없어지기를 바랍니다. 컴퓨터 제국을 만들고, 재벌 왕국을 만들려는 것은 세상 사람들이 가지고 있는 꿈입니다. 하나님의 에덴동산은 이런 곳이 아닙니다. 제국을 만들려는 인간의 야망은 사람을 수단과 방법으로 이용하자는 것입니다. 피라미드를 만들기 위해, 제국을 만들기 위해 얼마나 많은 사람이 희생당하고 죽어야 했습니까? 이것은 하나님의 나라가 아닙니다.

하나님의 나라는 인간을 사랑하고 존중하며, 하나님이 지으신 세상을 그대로 누리며 축복을 나누고, 하나님과 교제하고 찬양하는 공동체입니다. 우리의 가정이 바로 이런 공동체가 되기를 바랍니다. 가정의 꿈도, 교회의 꿈도 에덴동산의 회복입니다.

우리는 죽으면 하나님의 나라에 갑니다. 그러나 에덴동산은 하나님이 거하시는 나라와 조금 다릅니다. 지상에 있는 에덴동산은 하나님과 인간이 공존하는 곳입니다. 놀라운 에덴동산의 축복이 여기에 있습니다. 죄 없는 곳, 악의 그림자가 없는 곳, 하나님의 영광이 충만한 곳, 하나님만이 아니라 하나님의 형상으로 지어진 인간이 함께 거하며 교제하는 아름다운 장소가 바로 에덴동산이며 우리가 꿈꾸는 나라입니다.

하나님은 에덴동산을 제국이 아니라 아름다운 동산으로 만들어 주셨습니다. '에덴'은 '기쁨'이라는 뜻을 갖고 있습니다. '에덴동산'은 '기쁨의 동산'입니다. 만일 우리 집에 기쁨이 있다면 그곳이 에덴입니다. 만일 우리 교회에 기쁨이 있다면 그곳이 에덴입니다. 집이 아무리 좋아도, 부모가 돈이 아무리 많아도 매일 싸우는 집이라면 그곳은 지옥일 것입니다. 그러므로 우리의 마음속에 기쁨이 있기를 바랍니다. 가정과 사회와 민족에도 기쁨이 충만하기를 원합니다.

고독에서 기쁨으로, 저주에서 축복으로

하나님은 에덴동산을 아담을 위해 만드셨습니다. 찬양과 예배를 받으시기 위해 인간인 아담을 만드셨습니다. 창세기 2장 8절 마지막 부분을 보면 "그 지으신 사람을 거기 두시니라"라고 기록되어 있습니다.

> 여호와 하나님이 그 사람을 이끌어 에덴동산에 두어 그것을 경작하며 지키게 하시고(창 2:15).

하나님은 아담을 만드시고, 동시에 아담이 갈등 없이 살 수 있는 에덴동산을 창설하셔서 아담을 그곳에 두셨습니다. 결혼한 자녀들이 안정된 가정을 이루기 전까지 부모가 도와주듯이 하나님은 아담을 붙들어 주셨습니다.

하나님이 아담을 에덴에 두신 또 하나의 목적은 에덴을 지키게 하시기 위해서입니다. 하나님은 인간을 에덴의 관리자로, 즉 청지기로 만들어 주셨습니다. 인간은 지구의 관리자입니다. 이것이 바로 인간과 자연의 성경적 관계입니다. 어떤 물건을 맡기면 가꾸고 잘 닦아서 10년이 넘도록 곱게 쓰는 사람이 있습니다. 반면에 물건을 맡기면 한 달 만에 엉망으로 만드는 사람이 있습니다. 우리는 하나님이 관리하라고 주신 지구를 잘 가꾸고 곱게 써야 합니다.

또한 창세기 2장 9-10절에서 에덴동산에 대해 중요한 정보를 얻을 수 있습니다. 먼저 9절입니다.

> 여호와 하나님이 그 땅에서 보기에 아름답고 먹기에 좋은 나무가 나게 하시니 동산 가운데에는 생명나무와 선악을 알게 하는 나무도 있더라(창 2:9).

에덴동산에는 나무가 많았습니다. 시멘트가 있는 곳보다 나무가 있는 곳이 더 좋고, 거대한 곳보다 소박한 곳이 더 좋습니다. 집은 화려하지 않아도 됩니다. 편안하면 됩니다. 또 집에는 먹을 것이 있어야 합니다. 아무리 집이 좋아도 먹을 것이 없으면 불편한 집입니다. 에덴동산에는 먹을 것이 많았습니다. 각종 나무가 있어서 보기에 좋았고 먹기에도 좋았습니다.

죄를 지은 인간은 이마에 땀을 흘려야 먹을 수 있습니다. 그러나 에덴동산은 은혜로 사는 곳입니다. 자유함과 찬양과 안식이 있는 곳이 에덴동산입니다. 이 세상에서는 아침마다 출근 전쟁을 해야 하고, 서류 들고 뛰어야 하고, 그러면서도 간신히 삽니다. 그러나 에덴동산은 은혜로 사는 곳입니다. 에덴동산은 부족함이나 미숙함이나 불균형이 없는, 모든 것이 풍성하고 충만한 곳입니다. 그곳은 예수 그리스도가 계신 곳입니다.

그러나 창세기 3장 18절을 보면, 인간이 죄를 지어 에덴동산에서 쫓겨났습니다. 인간이 쫓겨난 곳은 가시덤불과 엉겅퀴가 있고 인간이 평생에 수고하고 얼굴에 땀을 흘려야만 생존할 수 있는 곳이었습니다. 인간이 타락한 후 이 땅은 서로 죽고 죽여야만 하고 속고 속여야만 하는 곳, 외롭고 고독하고 허무하고 피곤하게 살아가는 저주의 땅이 된 것입니다. 이 저주의 땅이 하나님의 땅이 되고, 이혼하는 가정이 축복받는 가정이 되고, 흩어졌던 자녀들이 돌아오기를 바랍니다. 이것이 바로 에덴동산으로의 회복입니다.

10절에서 에덴동산에 관한 또 다른 정보를 얻을 수 있습니다.

> 강이 에덴에서 흘러나와 동산을 적시고 거기서부터 갈라져 네 근원이 되었으니(창 2:10).

에덴동산에는 물이 많았습니다. 물은 생명을 살게 합니다. 기름보다 더 중요한 것이 물입니다. 기름은 없어도 살 수 있지만 물은 없으면 살 수 없습니다. 그런데 사람들은 모두 기름이 더욱 중요한

듯이 살아갑니다. 물을 깨끗하게 만들어야 합니다. 인류가 살 수 있는 유일한 방법은 물을 깨끗이 하는 것입니다. 환경 문제의 근본적인 해결책은 물입니다.

우리는 에덴동산에서부터 흘러나오는 4개의 큰 강을 소개받습니다.

> 첫째의 이름은 비손이라 금이 있는 하윌라 온 땅을 둘렀으며 그 땅의 금은 순금이요 그곳에는 베델리엄과 호마노도 있으며 둘째 강의 이름은 기혼이라 구스 온 땅을 둘렀고 셋째 강의 이름은 힛데겔이라 앗수르 동쪽으로 흘렀으며 넷째 강은 유브라데더라(창 2:11-14).

첫째 강은 비손강입니다. 비손강은 하윌라 땅을 돌고 있었습니다. 하윌라 땅에는 금과 보석이 많았습니다. 모세가 지은 성전의 내부는 모두 정금으로 되어 있었습니다. 하윌라 땅에는 보석이 있었고 그 땅에는 에덴에서부터 비손강이 흘렀습니다. 둘째 강은 기혼강입니다. 셋째 강은 힛데겔강인데 지금의 티그리스강을 말합니다. 성경은 유브라데강이 넷째 강이라고 소개하고 있습니다. 생명과 축복이 에덴으로부터 흘러나와 비손강으로, 기혼강으로, 힛데겔강으로, 유브라데강으로 흘렀습니다. 바로 그곳의 주인공은 아담이었고, 인간이었습니다. 오늘날 이 놀라운 축복이 예수 그리스도를 통해 회복되기를 간절히 바랍니다.

두 나무는 지금도 우리에게 질문을 던진다

에덴동산에는 여러 종류의 기가 막힌 나무와 열매들이 있었는데, 그중에 특별한 두 나무가 있었습니다. 생명나무와 선악을 알게 하는 나무였습니다. 두 나무는 결정적으로 중요한 의미를 주는 나무들입니다. 이 나무들의 의미를 잘 이해했을 때 축복을 받게 되고, 이 나무들에 대해 잘못 이해했을 때 저주를 받게 됩니다. 두 나무는 아담 시대에만 있었던 것이 아니라 지금도 그 의미가 계속되고 있습니다.

먼저, '생명나무'란 생명을 주는 나무입니다. 생명나무의 열매를 먹으면 내 안에 생명이 임하는 것입니다. 생명나무는 에덴동산 한복판에 있었고 아담에게 축복을 주는 나무였습니다. 그러나 아담과 하와가 사탄에게 유혹을 받아 선악과를 먹은 후 생명나무는 사라졌다가 예수 그리스도로 말미암아 다시 등장합니다. 그에 관한 내용이 요한계시록 2장 7절에 나옵니다.

> 귀 있는 자는 성령이 교회들에게 하시는 말씀을 들을지어다 이기는 그에게는 내가 하나님의 낙원에 있는 생명나무의 열매를 주어 먹게 하리라(계 2:7).

생명나무에는 먹을 수 있는 열매가 있습니다. 하나님의 아들을 통해 생명나무의 열매를 먹는 자에게는 하나님의 생명이 살아납니다. 생명이 있는 곳에는 어두움이 물러가고 빛이 임하며, 죽음이 물러가고 생명이 임합니다. 빛이 있는 곳에는 사랑이 역사합니다. 생명나무의 열매를 먹으면 미움과 분노와 갈등이 모두 사라지고 내 안에 사랑과 용서가 꽃피게 됩니다. 사랑이 있는 곳에 말씀이 있습니다. 이것이 생명나무입니다.

하나님은 예수를 믿어 예수 안에서 이기는 자에게는 감추어진 생명나무의 열매를 주어 먹게 해 주겠다고 하셨습니다. 우리 안에 영원한 생명이 있음을 찬양합니다. 아들이 있는 자에게는 생명이 있고 아들이 없는 자에게는 생명이 없습니다. 또한 다음과 같은 능력이 생명나무로부터 옵니다.

> 믿는 자들에게는 이런 표적이 따르리니 곧 그들이 내 이름으로 귀신을 쫓아내며 새 방언을 말하며 뱀을 집어올리며 무슨 독을 마실지라도 해를 받지 아니하며 병든 사람에게 손을 얹은즉 나으리라 하시더라(막 16:17-18).

생명나무에 대한 설명이 요한계시록 22장 1-3절에 나와 있습니다. 원래 생명나무는 에덴동산에 있던 것이 아닙니다. 하나님 나라의 생명수 강 곁에 있던 나무입니다.

> 또 그가 수정같이 맑은 생명수의 강을 내게 보이니 하나님과 및 어

린양의 보좌로부터 나와서 길 가운데로 흐르더라 강 좌우에 생명나무가 있어 열두 가지 열매를 맺되 달마다 그 열매를 맺고 그 나무 잎사귀들은 만국을 치료하기 위하여 있더라 다시 저주가 없으며 하나님과 그 어린양의 보좌가 그 가운데에 있으리니 그의 종들이 그를 섬기며(계 22:1-3).

하나님의 보좌가 있는 곳에는 생명수 강이 흐르고, 그 강은 예수 그리스도로 말미암아 우리에게까지 흘러옵니다. 그 생명수 강 좌우에 생명나무가 있어 열두 가지 열매를 맺되 달마다 그 열매를 맺고 그 나무 잎사귀들은 만국을 치료합니다.

감추어졌던 생명나무가 예수 그리스도로 말미암아 우리에게 다시 나타난 것을 찬양합니다. 우리가 생명나무를 먹게 되기를 바랍니다. 이제 생명나무는 에덴동산에 감추어진 것이 아니라 예수 그리스도로 말미암아 우리의 마음에 존재합니다. 누구든지 생명나무의 열매를 먹는 자는 죽음에서 살아날 것이며, 어둠에서 빛으로 나올 것입니다. 그리하여 그 몸이 밝아져 어둠의 세력, 죽음의 세력, 질병의 세력이 다 떠나갈 줄 믿습니다.

이 생명이 내 안에 있으면 사랑이 있고, 이 사랑이 내 안에 역사하기 시작하면 하나님의 말씀의 능력이, 부활의 능력이 나타날 것입니다. 생명나무를 매일매일 먹읍시다. 음식은 한꺼번에 먹는 것이 아니고 매일 먹어야 합니다. 이것이 축복의 양식입니다.

그런데 성경은 생명나무뿐만 아니라 먹어서는 안 되는 선악을 알게 하는 나무도 소개합니다. 선악과를 생각할 때 복숭아나 사과와 같은 과일로 생각해서는 안 됩니다. 말 그대로 생각해야 합니다. 곧 열매를 먹으면 선과 악을 구분하는 능력이 생기는 나무입니다. 굉장히 멋있게 느껴집니다. 우리가 선과 악을 구분하면 얼마나 좋겠습니까? 그러나 그 열매를 먹으면 죽습니다. 왜냐하면 선악을 알게 하는 나무 뒤에는 사탄이 웅크리고 있기 때문입니다.

에덴동산에는 악이나 어둠이 존재하지 않았습니다. 우리는 악을 알 필요가 없습니다. 악은 선을 만들 수 없습니다. 죄는 죄를 낳습니다. 그러므로 사탄은 손도 대지 말고 쫓아 버려야 합니다. 선악을 알게 하는 나무의 열매를 먹으면 죄에 대해 눈을 뜨게 됩니다. 바이러스는 눈에 보이지 않는 작은 생물이지만 우리 몸에 들어오면 끝내 죽음까지 불러옵니다. 악도 그렇습니다. 우리는 악을 알 필요가 없는 존재였습니다.

그런데 "선도 알 수 있고 악도 알 수 있다"는 말은 참으로 매력적으로 들립니다. 사탄은 이것을 이용합니다. 흔히 영화에서 보여주는 드라큘라 등은 지능이 낮은 마귀입니다. 지능적인 사탄은 우리에게 선악과를 먹이면서 옵니다. 사탄은 "네가 이것을 먹으면 하나님처럼 된다. 선악을 아는 일에 하나님과 동등하게 된다" 하며 유혹합니다. 하나님과 같이 되려는 것은 인간 최대의 유혹입니다. 그러나 인간은 결코 하나님이 될 수 없습니다.

선악과는 사탄과 연결되는 통로입니다. 그래서 하나님은 선악과를 먹지 말라고 하셨습니다. 만일 먹으면 '반드시 죽을 것'이라고 말씀하셨습니다. 선악과를 먹으면 사탄과 접촉하게 되기 때문에 망합니다. 누군가 집 안에 독가스를 틀어 놓으면 독가스를 튼 사람만 죽는 것이 아니라 집 안에 있는 모든 사람이 죽습니다. 한 사람이 죄를 범하면 모든 사람이 죽게 되는 것도 이와 같은 이치입니다. 그러나 한 사람 예수 그리스도로 말미암아 모든 사람이 구원을 받을 수 있게 되었습니다.

이 선악과를 아담과 하와가 먹었습니다. 그런데 우리는 선악과를 아담과 하와만 먹은 것으로 착각합니다. 그렇지 않습니다. 사탄은 아담과 하와의 모든 후손에게 매일 선악과를 먹입니다. 예수 믿는 사람들도 선악과를 먹습니다. 선악과를 먹은 사람들은 매일 "나는 선하고 너는 악하다", "나는 잘했고 너는 못했다"고 판단합니다.

계속해서 그렇게 비판하고 따지면 전쟁이 일어나고 죽음이 옵니다. 부부끼리 매일 따지다 보면 이혼합니다. 아무것도 아닌 것 같지만 엄청난 비극을 가져옵니다. 나라와 나라가, 민족과 민족이 싸웁니다. 가치관이 다르기 때문입니다. 학교에서는 온통 이런 선악과를 가르칩니다. 이 선악과를 먹고 있는 정치, 역사, 교육은 끊임없이 적을 만들고 서로가 적이 됩니다. 이 세상은 살벌한 세계가 됩니다.

죄를 짓고 싶은 사람은 아무도 없지만 인간은 죄를 짓고 맙니다. 이 죄를 해결할 방법을 찾지 못하는 것이 문제입니다. 선악과를 먹은 인간은 잘못한 것을 지적할 수는 있지만 해결할 방법은 갖고 있지 않습니다. 율법은 죄를 지적할 수 있지만 해결할 수는 없습니다. 충고한다고 사람이 변하지 않습니다. 사랑하고 용서해야 변합니다. 정의를 부르짖으면 정의가 없지만, 사랑하면 정의가 살아납니다. 이것을 가능하게 하는 것이 생명나무입니다. 생명나무의 열매를 먹으면 충고하지 않아도 모두 변합니다.

그러나 선악과를 먹으면 화가 납니다. 선악과를 먹으면 서로 죽이게 되어 있습니다. 선악과에는 해답이 없습니다. 그럼에도 불구하고 우리는 오늘도 선악과를 비타민 먹듯이 먹고 삽니다. 오늘 선악과를 끊게 되기를 바랍니다. 사탄은 우리에게 선악과만 계속해서 먹입니다. 우리가 선악과를 먹으면 전쟁하고, 비판하고, 폭력을 저지르는 세계가 됩니다. 반대로 생명나무의 열매를 먹으면 용서하고, 사랑하고, "내가 잘못했다"고 말하고 화해합니다.

그러므로 남을 비판하거나 판단하지 마십시오. 우리가 죽습니다. 이해하고, 사랑하고, 관용하십시오. 예수님은 '지는 자가 이기는 자'이고, '포기하는 것이 얻는 것'이라고 말씀하셨습니다. 그래서 예수님도 십자가를 지셨습니다. 모두 망하고 안되는 것 같지만 그것이 복음입니다.

10

우리 사이에
예수님이 계십니다

창세기 2:18-22

하나님의 창조 질서를 기억하라

하나님은 남자를 만드셨습니다. 그의 이름을 가리켜 '아담'이라고 합니다. 하나님이 흙으로 사람을 지으사 그 코에 생기를 불어 넣으시니 사람이 생령이 되었습니다. 그리고 하나님은 아담이 살 수 있는 에덴동산을 만들어 주셨습니다. 하나님은 섬세하고 놀라우신 분입니다. 사람이 살 수 있는 완벽한 환경을 만들어 놓으신 후에야 사람을 지으셨습니다. 하나님은 우리의 삶도 책임져 주십니다. 하나님은 에덴동산을 만드신 후에 창조의 더 놀라운 단계로 이끌어 가셨는데, 그것은 바로 여자를 만드신 것입니다.

> 하나님이 이르시되 우리의 형상을 따라 우리의 모양대로 우리가 사람을 만들고 그들로 바다의 물고기와 하늘의 새와 가축과 온 땅과 땅에 기는 모든 것을 다스리게 하자 하시고 하나님이 자기 형상 곧 하나님의 형상대로 사람을 창조하시되 남자와 여자를 창조하시고 (창 1:27).

하나님은 자기의 형상대로 사람을 창조하시되 남자와 여자를 창조하셨습니다.

창세기 1장에는 하나님이 바다의 물고기와 하늘을 나는 새와 온 땅과 땅에 기는 모든 것과 가축을 만들어 놓으시고 마지막에 사람까지 만드신 후에 하나님이 보시기에 좋았다고 기록되어 있습니다. 그리고 2장에서는 하나님이 동물들을 만드신 과정을 좀 더 구체적으로 설명하고 있습니다.

> 여호와 하나님이 흙으로 각종 들짐승과 공중의 각종 새를 지으시고 아담이 무엇이라고 부르나 보시려고 그것들을 그에게로 이끌어 가시니 아담이 각 생물을 부르는 것이 곧 그 이름이 되었더라(창 2:19).

하나님은 흙으로 각종 새와 들짐승을 만드셨습니다. 동물은 흙으로 만들어졌습니다. 그래서 동물은 죽으면 흙으로 돌아갑니다. 사람도 물론 흙으로 만들어졌습니다. 그러나 하나님은 사람을 하나님의 형상대로 지으셨고 생기를 불어 넣으셔서 생령이 되게 해주셨습니다. 하나님의 관심과 배려라는 특별한 의미를 가지고 만드셨습니다. 동물을 만드실 때는 암컷과 수컷을 동시에 만드셨습니다. 창세기 6장 19절을 보면 노아 홍수 때 하나님이 모든 동물을 방주로 이끌어 생명을 보존하게 하신 이야기가 나옵니다.

> 혈육 있는 모든 생물을 너는 각기 암수 한 쌍씩 방주로 이끌어 들여 너와 함께 생명을 보존하게 하되(창 6:19).

하나님은 동물의 암컷과 수컷을 동시에 흙으로 만드셔서 자연의 생리대로 생육하고 번성할 수 있도록 하셨습니다. 그러나 인간은 암컷과 수컷의 생리 현상만으로 살게 만드시지 않았습니다. 하나님의 형상과 모양으로 지어진 원리에 따라 생육하고 번성하여 땅에 충만하도록 만드신 것입니다. 이는 인간이 단순히 암컷과 수컷만은 아님을 의미합니다.

그러나 많은 사람이 인간을 암컷과 수컷으로만 생각하고, 또 진화론적 존재로만 여깁니다. 그들은 인간을 단순한 자연 생물로 생각하는 것입니다. 이런 맥락에서 복제 인간이 나옵니다. 인간에게 하나님의 모양과 형상, 하나님의 생명이 있다는 것을 생각하지 않는 것입니다.

하나님은 인간을 독특하고 특별하게 만드셨습니다. 그러나 인간이 아무리 특별하게 만들어졌다 해도 하나님이 없는 곳에는 위기가 찾아옵니다. 예를 들어, 일부다처제는 많은 여자를 아내로 삼아도 된다는 물질적이고 동물적인 제도입니다. 여자를 인격으로 보지 않고 생산 기능으로 보는 것입니다. 하나님의 자녀로 보지 않고 성적인 대상으로 보는 것입니다. 그것이 세상입니다.

고대로부터 현대에 이르기까지 인간은 여성을 상품화해 왔습니다. 또한 번식 기능을 하는 도구로 간주했고, 인격도 인간됨도 무시해 왔으며, 때로는 종으로 여기고 학대했습니다. 부부 관계의 위기는 이처럼 하나님의 창조 질서의 원리를 무시하기 때문에 생깁니다.

흙으로 만들어진 동물은 인격이나 양심이나 윤리가 없습니다. 그러나 인간은 그들과 다르게 만들어졌습니다. 인격과 양심, 윤리가 있습니다. 그리고 남자와 여자가 각각 따로 만들어진 것도 동물과 다른 점입니다.

여자는 남자를 완성해 주는 '돕는 배필'

하나님은 첫 인간 아담을 만드신 후에 에덴동산에 살도록 하셨는데, 그때는 여자가 없었고 혼자 살고 있었습니다. 따라서 아담은 총각이었습니다. 아담은 혼자 살고 있을 때 무엇을 했습니까?

> 여호와 하나님이 흙으로 각종 들짐승과 공중의 각종 새를 지으시고 아담이 무엇이라고 부르나 보시려고 그것들을 그에게로 이끌어 가시니 아담이 각 생물을 부르는 것이 곧 그 이름이 되었더라(창 2:19).

하나님이 아담에게 주신 첫 번째 선물은 동물입니다. 여자를 주시기 전에 먼저 동물과 친하게 하셨습니다. 동물을 다스리고 관리하도록 하셨습니다. 그리고 동물들의 이름을 지으라고 하셨습니다.

누군가의 이름을 지어 본 경험이 있습니까? 저는 목사이기 때문에 아이가 태어나면 이름을 지어 달라는 부탁을 많이 받습니다. 세상에는 재미있는 이름이 많이 있습니다. 언젠가 의료 선교팀과 함께 선교를 나갔을 때 동네에서 한 할머니를 만났습니다. 성함을 여쭈어 보았더니 '박딸그만'이라고 대답하셨습니다. '딸 그만 낳으라'는 뜻입니다.

이름 짓는 것은 쉬운 일이 아닙니다. 성경에도 이름을 짓는 일이 많이 나오는데, 아담은 최초에 동물들의 이름을 지었습니다. 이름을 지을 때는 특성에 따라 지어야 합니다. 그러므로 관찰을 잘해야 합니다. 또 하나의 원칙은 같은 이름을 지으면 안 된다는 것입니다. 그렇기 때문에 수천 종의 동물들의 이름을 짓는 것은 결코 쉬운 일이 아니었습니다. 그런데도 아담이 그 일을 다 한 것을 보면, 아담은 대단한 지혜와 창조력을 가졌다는 생각이 듭니다. 죄를 짓기 전의 인간은 이렇게 뛰어난 지혜를 가지고 있었습니다.

그 밖에도 이름을 지을 때는 그 이름의 뜻이 좋아야 하고 부르기가 괜찮아야 합니다. 그러고 보면 참으로 토끼는 토끼같이 느껴지고, 곰은 곰 같고, 쥐는 쥐 같습니다. 그 이름과 느낌이 같습니다. 결코 원숭이가 곰일 수 없고, 토끼가 쥐일 수 없습니다. 이렇게 아담은 동물들의 이름을 지었습니다.

> 아담이 모든 가축과 공중의 새와 들의 모든 짐승에게 이름을 주니라 아담이 돕는 배필이 없으므로(창 2:20).

아담이 지으면 모두 그 이름이 되었습니다. 아담이 이름을 지어 주었다는 말속에서 재미있는 사실을 발견할 수 있습니다. 진화론은 사실이 아니라는 것입니다. 만일 진화론이 맞다면 모두 진화가 끝난 후에 이름을 지어야 합니다. 그러나 하나님은 창조 직후에 아담에게 이름을 짓게 하셨습니다.

아담이 동물들의 이름을 지어 줄 때 크게 느낀 점이 있습니다. 동물들은 모두 암컷과 수컷으로 짝을 이루었는데 아담 자신에게는 짝이 없다는 생각이 들었습니다. 그는 혼자였기 때문입니다. 마땅히 그에게도 배필, 즉 짝이 필요하다고 생각했던 것 같습니다. 그 생각은 하나님도 하고 계셨습니다.

> 여호와 하나님이 이르시되 사람이 혼자 사는 것이 좋지 아니하니 내가 그를 위하여 돕는 배필을 지으리라 하시니라(창 2:18).

하나님도 아담이 혼자 있는 모습이 좋아 보이지 않으셨습니다. 혹시 이렇게 생각하는 분도 있을 것입니다. '하나님이 처음부터 남자와 여자, 둘 다 만드셨다면 더욱 좋지 않았겠는가?' 그렇지 않습니다. 만일 그렇게 한다면 인간은 동물이 되고 맙니다. 사람은 인격이 있고 하나님과 관계가 있기 때문에 하나님은 인간을 동물처럼 만들지 않으셨습니다. 인간 부부는 동물과 다릅니다. 하나님은 먼저 남자를 만드신 후 여자를 받아들일 준비를 시키셨습니다.

결혼은 남자가 여자를 받아들일 준비가 되어 있을 때 하는 것입니다. 영적으로나 물질적으로 여자를 받아들일 준비가 되어 있지 않을 때 결혼을 하면 문제가 생깁니다. 하나님은 남자를 먼저 만드시고 오랜 시간 여자를 기다리고 사모하게 하셨습니다. 왜냐하면 여자는 매우 소중한 존재이기 때문입니다.

하나님은 여자를 만드실 때 인격적인 배려를 가지고 창조하셨습니다. 그러나 죄를 지은 인간은 이렇게 아름답게 창조된 여자를 너무나 비인격적으로 취급합니다. 여자를 물건 취급하는 경향이 전 세계의 종교와 문화 속에 퍼져 있습니다.

하나님은 아담을 보시면서 그가 혼자 사는 것이 좋지 않다고 말씀하셨습니다. 이 말은 잘못되었다거나 나쁘다거나 악하다는 것이 아니라 '미완성'이라는 뜻입니다. 남자는 미완성입니다. 여자가 지어져야 인간은 완성됩니다. 그래서 하나님은 남자에게 돕는 배필을 만들어 주기로 결정하셨습니다. 이렇게 볼 때 여자는 종이 아니라 돕는 배필입니다. 남자의 부족한 것을 채워 주는 사람인 것입니다.

'사람이 혼자 사는 것이 좋지 않다'는 말에서 우리는 몇 가지를 배울 수 있습니다. 인간은 인간 홀로 살 수 없고 하나님과 더불어 살아야 하는 존재라는 것입니다. 인간이 혼자 살 수 없는 이유는 하나님이 지으셨기 때문입니다. 또한 인간은 남자끼리만, 여자끼리만 살 수 없다는 것입니다. 남자와 여자가 함께 살아야 합니다.

그래서 바울은 로마서를 통해 남자끼리 살고 여자끼리 사는 것, 남자끼리 결혼해서 성생활 하는 것은 큰 죄라고 했습니다. 이것은 창조의 원리에 위배되는 것입니다.

하나님이 남자를 먼저 만드셔서 여자를 받아들이게 하신 것은 큰 의미가 있습니다. 여자가 단순히 번식의 도구나 성적 대상이 아니라는 뜻입니다. 모든 가정의 위기는 여자를 잘못 생각하고 대하는 데서 비롯됩니다. 만일 여자를 하나님이 창조하신 그대로 대하기만 한다면 가정도, 이 세상도 천국과 같이 될 것입니다. 여자가 없으면 남자는 미완성품입니다. 의미가 없습니다. 하나님은 남자를 먼저 만드신 후에 여자를 만드셨습니다. 남자들이여, 여자를 사랑하십시오. 보호하십시오. 여자는 남자의 완성품입니다.

천국과 같은 가정을 꿈꾼다면

하나님이 여자를 만드신 것을 보면서 느끼게 되는 놀라운 사실 하나는 여자를 만드신 재료가 남자와 다르다는 것입니다. 남자는 흙으로 만드셨고, 여자는 남자로 만드셨습니다. 여자가 훨씬 더 좋은 재료로 만들어졌습니다. 말하자면, 남자는 1차 가공품이고 여자는 2차 가공품인 것입니다.

여자는 아담의 갈빗대로 예쁘게 만들어졌습니다. 여자는 흙으로 만들어지지 않았습니다. 동물은 흙으로 만들어져서 인격이나 도덕이 없습니다. 그래서 흙으로 만들어진 남자는 동물적인가 봅니다. 여자는 남자로부터 만들어졌습니다. 이것이 하나님의 방법입니다.

구체적으로 하나님은 어떤 방법으로 여자를 만드셨습니까?

> 여호와 하나님이 아담을 깊이 잠들게 하시니 잠들매 그가 그 갈빗대 하나를 취하고 살로 대신 채우시고(창 2:21).

첫째, 하나님은 여자를 만들 때 아담을 재료로 쓰셔야 했기 때문에 아담을 깊이 잠들게 하셨습니다. 이는 마치 수술할 때 마취를 해서 아무것도 모르게 하는 것과 같습니다. '깊이 잠들다'는 말은 '죽었다'는 말과 같습니다. 여자는 남자의 죽음을 통해 태어났습니다. 남자가 죽을 때 여자가 살아나는 것입니다. 여자는 이렇게 고귀하고 사랑스러운 존재입니다. 남편 된 남자들은 여자인 아내에게 최선을 다해 보십시오. 가정이 천국과 같이 될 것입니다.

둘째, 하나님은 아담을 깊이 잠들게 하신 후 그 재료를 아담의 다리나 머리에서 취하시지 않고 옆구리인 갈빗대에서 가져오셨습니다. '갈빗대'라는 단어는 구약성경에서 35회 사용되고 있는데, 본문과 같이 '갈빗대'로 사용되지 않고 '옆구리'라고 쓰여 있습니다. 그러므로 여자의 위치는 남자의 옆구리입니다.

여자는 남자의 옆구리에 붙어 있을 때 가장 행복합니다. 왜냐하면 본적이 그곳이기 때문입니다. 여자를 때리는 남자가 있습니다. 남자가 여자를 때리는 것은 자기의 옆구리를 때리는 것과 같습니다. 따라서 여자만 아픈 것이 아니라 남자도 아픕니다. 여자를 학대하면 남자가 외로워집니다. 여자를 사랑하면 남자가 행복해지게 되어 있습니다. 이것이 창조의 원리입니다.

남자의 옆구리에서 나온 여자는 남자의 동료이며 친구입니다. 생명의 유업을 함께 받을 자입니다. 하나님은 이렇게 여자를 특별하게 만드셨습니다. 제일 나중에 만들어진 상품이 좋은 것입니다. 남자를 만드시고 그 남자에게서 나온 최고의 작품이 바로 여자입니다.

> 여호와 하나님이 아담에게서 취하신 그 갈빗대로 여자를 만드시고 그를 아담에게로 이끌어 오시니(창 2:22).

'그를 아담에게로 이끌어 오시니'라는 말이 중요합니다. 하나님이 여자를 아담에게로 이끌어 오시는 것이 '결혼'입니다. 그런데 세상 사람들은 자기들끼리 좋아서 삽니다. 그곳에는 하나님이 없습니다. 결국 그들은 서로 부딪치고, 상처받고, 깨지고, 죽이고, 이혼합니다. 그렇게 사랑했던 부부도 이혼할 때는 그런 원수가 다시 없습니다. 왜냐하면 창조의 원리를 지키지 않았기 때문입니다. 남편과 아내 사이에 예수님이 계셔야 합니다.

인간은 마치 못이 가득 담긴 자루와 같습니다. 못으로 꽉 찬 자루는 서로 부딪치면 찌르게 되어 있습니다. 그것이 인간입니다. 거기에 스펀지가 필요합니다. 그 스펀지가 예수님이십니다. 그래서 하나님이 여자를 이끌고 남자에게로 가셨습니다.

여자는 아름답고 귀한 존재입니다. 기가 막힌 존재입니다. 하나님이 만들어 놓으신 작품인 여자를 칭찬하고 예쁘다고 말해 주어야 합니다. 제가 한 가지 깨달은 점이 있는데, 아내에게 하루에 50회씩 "당신 예쁘다"고 말해 주면 기적이 일어난다는 것입니다. 저는 해 보았습니다. 그런데 그 말을 하루 동안 50회 하는 것은 굉장히 어렵습니다. 아침에 일어나서 밤에 잠들 때까지 해야 합니다. 또한 아무리 칭찬이라도 같은 말로 하면 안 되니까 여러 가지 표현을 골고루 섞어서 해야 합니다. 그래서 더 어렵습니다.

그러나 여자를 칭찬하면 꽃이 핍니다. 그러면 식탁도 좋아지고, 모든 것이 아름다워집니다. 집이 깨끗해지고, 환해집니다. 이것이 행복한 가정의 비결이고 부부 생활의 비밀입니다. 창조의 원리대로 살면 이런 축복이 있습니다.

11

진실한 사랑 고백,
언제 했나요?

창세기 2:23-25

가정의 위기는 하나님이 빠져 버린 데 있다

하나님은 먼저 아담을 만드시고, 아담을 돕는 배필인 하와를 창조하셨습니다. 그리고 마지막으로 최초의 가정을 만드셨습니다. 이 장에서는 창세기에 나타난 진정한 결혼, 창조의 질서와 원칙에 따른 축복된 가정은 어떤 것인지에 대해 몇 가지 원리들을 살펴보겠습니다.

하나님이 인간에게 주신 가장 큰 선물은 가정입니다. 하나님은 제국을 만들어 주시지 않고 가정을 만들어 주셨습니다. 동물은 생식 본능이나 집단 본능에 의해 존재합니다. 그러나 인간은 가정을 이루고 살게 하셨습니다. 따라서 하나님이 의도하셨던 최초의 가정의 원칙대로 산다면 우리의 가정은 행복해지고 복을 받게 될 것입니다.

그러나 죄를 지은 인간은 결혼과 가정생활을 하나님의 창조 원리를 따라 하지 않고 세상의 원리를 따르기 때문에 이혼하고, 싸우고, 지옥과 같은 모습을 이루고 삽니다. 우리의 가정도 하나님 안에서 회복되고 치유되어 다시 한 번 새로워지기를 간절히 바랍니다.

최초의 가정의 출발은 아담과 하와의 만남으로부터 시작됩니다. 하나님은 먼저 아담을 만드셔서 에덴동산에 두셨습니다. 그리고 식물과 동물을 다스리고 관계를 맺게 하셔서 아담이 가장이 되도록 훈련하셨습니다. 그 훈련이 끝난 다음에 하나님은 아담에게 돕는 배필을 만들어 주셨습니다. 바로 하와입니다. 여기에 가정의 묘미가 있고 독특성이 있습니다. 하나님은 아담을 깊이 잠들게 하신 후에 그의 옆구리의 갈빗대를 취해 그것을 재료로 여자를 만드셨습니다. 하나님이 하와를 흙으로 만드시지 않고 아담으로 만드셨다는 사실을 주목하십시오. 이것이 가정이며 결혼입니다.

이런 의미에서 보면 결혼이라는 것은 남녀가 우연히 만나서 하는 것이 아닙니다. 그런데 대부분의 사람들이 오다가다 만나서 결혼합니다. 그렇기 때문에 이혼합니다. 전문 중매쟁이도 있습니다. 그러나 진짜 결혼은 하나님의 중매로 만나 가정을 이루어야 하는 것입니다.

우리는 창세기 2장 22절에서 하나님이 하와를 만드신 후 하와를 직접 아담에게 데려가시는 모습을 볼 수 있습니다. 이것이 성경에서 말하는 가정입니다. 여기에 하나님의 축복과 인격적인 만남이 있습니다. 이로써 참으로 가정이 축복의 장소요, 회복의 장소요, 사랑의 공동체요, 섬김과 나눔의 공동체가 되는 것입니다. 최초의 가정에는 하나님이 계셨다는 사실이 중요합니다. 두 사람을 만나게 하신 분도, 행복하게 하신 분도 하나님이십니다. 오늘날 우리 가정의 위기는 하나님이 빠져 버린 데 있습니다. 세상 사람들의 가정에는 축복의 근원 되시는 하나님이 빠져 있습니다.

하나님은 아담에게서 갈빗대를 취해 여자를 만드셨고, 여자를 데리고 다시 아담에게로 오셨습니다. 하나님은 여자를 아기로 만들어 키워서 데려오신 것이 아니라 처음부터 성인으로 만들어 주셨습니다. 그리고 그 여자를 아담에게로 데려오셨습니다. 하나님의 창조는 언제나 완성품입니다.

아담은 그 여자를 처음 본 순간 충격을 받았습니다. 왜냐하면 자기 분신을 보았기 때문입니다. 자기보다 훨씬 매력 있고 예쁘게 생겼는데 자기와 동일하다는 것을 알았기 때문입니다.

> 아담이 이르되 이는 내 뼈 중의 뼈요 살 중의 살이라 이것을 남자에게서 취하였은즉 여자라 부르리라 하니라(창 2:23).

아담은 여자를 보고 감탄했습니다. 아담은 '저 여자는 또 다른 나'라고 느꼈습니다. 하와는 아담의 갈빗대로 만들어졌기 때문입니다. 이런 의미에서 남자와 여자는 본질적으로 '한 몸'입니다. 몸은 결코 나눌 수 없습니다. 이것이 부부입니다. 이것이 부부의 신비이며 오묘함입니다. 그런데도 부부가 나뉘고 헤어지는 것은 바로 죄 때문입니다.

아담이 여자를 보고 처음 한 말은 "내 뼈 중의 뼈요 살 중의 살이라"였습니다. 이것은 '여자는 남자의 엑기스'라는 뜻입니다. 여자는 남자의 뼈 중의 뼈로 만들어졌습니다. 그래서 여자는 존경과 사랑을 받아 마땅하고, 인격적인 대우를 받아야만 합니다. 남자의 뼈 중에 시시한 뼈가 아니라 뼈 중의 뼈로 만들어졌기 때문입니다.

디모데전서 2장 13절에는 "이는 아담이 먼저 지음을 받고 하와가 그 후며"라고 기록되어 있습니다. 결코 아담과 하와가 동시에 만들어지지 않았다는 것입니다. 하나님은 남자를 먼저 만드셔서 여자를 받아들일 준비를 시키신 다음에 여자를 만드셨습니다. '돕는 배필'이라는 말은 완성시켰다는 의미입니다. 따라서 여자가 없는 남자는 불완전한 존재입니다.

우리는 보통 "여자가 남자를 낳는다"고 말합니다. 그러나 고린도전서 11장 8-9절을 보면, "남자가 여자에게서 난 것이 아니요 여자가 남자에게서 났으며 또 남자가 여자를 위하여 지음을 받지 아니하고 여자가 남자를 위하여 지음을 받은 것이니"라고 기록되어 있습니다. 여자가 아들을 낳지만, 남자를 낳은 것은 아닙니다. 여자의 본질은 남자에게서 왔습니다.

여기서 우리는 남자와 여자를 차별할 수 없다는 사실을 깨닫습니다. 남자와 여자는 '누가 먼저이고 나중이며, 누가 높고 낮은가'를 구별할 수 있는 존재가 아니라 한 몸입니다. 히브리어에서 남자와 여자의 차이는 모음 하나입니다. '남자'라는 뜻을 가진 말은 '아담'인데, '여자'와 반대되는 히브리어는 '잇쉬'입니다. 하나님이 여자를 이끌고 아담에게로 오셨을 때 아담은 그녀를 보고 '잇샤'라고 말했습니다. 즉 남자는 '잇쉬'이고 여자는 '잇샤'입니다. 모음 하나 차이입니다. 남자와 여자는 한 몸입니다.

부부가 싸우고, 갈등하고, 이혼하는 이유는 성경의 창조 원리를 받아들이지 않고 하나님이 없는 세상 사람들의 사고방식과 철학을 받아들였기 때문입니다.

창세기 2장 23절을 통해 볼 때 진정한 가정은 사랑 고백이 있는 곳이어야 한다는 것을 알 수 있습니다. 잠잘 수 있고, 먹을 것이 있고, 아이를 낳을 수 있으면 가정이 아니라 사랑의 고백이 있어야 비로소 가정입니다. 같이 살아서 부부가 아니라 사랑한다고 고백해야 진정한 부부입니다. "이는 내 뼈 중의 뼈요 살 중의 살이라"라는 말은 부부가 한 몸이라는 선언이며 하나 됨의 고백입니다. 이 고백을 계속하는 동안은 절대로 이혼하거나 싸울 수 없습니다. 하나이기 때문입니다.

사람들은 부부가 이혼하고, 별거하고, 헤어지는 까닭을 실수했거나, 도덕적으로 흠이 있거나, 성격에 약점이 있거나, 인격적으로 부족하기 때문이라고 말합니다. 그러나 근본 원인은 아담으로부터 물려받은 원죄 때문입니다. 행복하지 못한 부부의 깊은 곳을 들여다보면 언제나 불신과 상처와 오만이 있습니다. 상대방을 이겨 보려는 마음과 당하지 않으려는 마음이 깊이 자리하고 있습니다. 따라서 진정한 가정을 이루기 위해서는 아담이 하와를 만났을 때 처음 했던 그 고백을 해야 합니다. 그때 가정이 행복해집니다.

성경을 보면 사랑의 고백은 언제나 남자가 하고 있습니다. 세상에서 가장 치사한 남자는 여자에게서 사랑 고백을 받기를 기다리는 남자가 아닐까 합니다. 남자가 먼저 해야 합니다. "당신은 내 뼈 중의 뼈요, 살 중의 살입니다"라고 고백해야 합니다. 고백하기 싫어도 계속 말하다 보면 재미가 생깁니다. 사랑을 고백하면 그 여자가 사랑스러워집니다. 사랑을 고백하지 않으면 사랑스러웠던 여자도 사랑스럽지 않게 됩니다.

남편들은 이제부터 회개하고, 지속적으로 아내의 좋은 점을 격려하고, 칭찬하고, 축복해 주십시오. 이것이 행복의 비결입니다. 하기 싫어도 매일 해 보십시오. 분명히 부부 관계가 회복되고 건강해질 것입니다.

독립하고, 연합하고, 한 몸 이루기

> 이러므로 남자가 부모를 떠나 그의 아내와 합하여 둘이 한 몸을 이룰지로다(창 2:24).

하나님이 의도하신 가정은 첫째, '독립성의 원리'를 가져야 합니다. 모든 자녀는 부모에 의해 태어나고, 양육되고, 사랑을 받습니다. 그리고 성인이 되고 결혼 적령기가 되면 결혼해 가정을 꾸립니다. 결혼 적령기를 놓친 자녀를 둔 부모는 속이 많이 탑니다. 자녀보다 10배나 더 속이 탑니다. 그러나 부모는 결혼시키는 데만 관심이 있고 결혼의 원리에는 관심이 없기 때문에 사랑이라는 이름으로 종종 자녀를 불행하게 만듭니다. 자녀의 결혼은 부모의 삶의 연속이 아닙니다. 우리는 종족 보호 본능 때문에 자녀를 낳아 가문의 대를 이어야 한다는 생각을 합니다. 이렇게 결혼이 종족 보존의 이용물이 되기 때문에 우리 가정이 불행해집니다.

젊은 남녀가 사랑해서 가정을 이루었다는 것은 부모와의 '분리'를 의미합니다. 결혼은 새로운 출발입니다. 부모의 삶의 계승이 아닙니다. 이것은 마치 세포가 새로 독립 분열하는 것과 같습니다. 한 세포가 분열해 떨어져 나갈 때 그것은 독자적인 세포를 이룹니다. 창세기 2장 24절을 보면, "이러므로 남자가 부모를 떠나"라고 되어 있습니다. 우리나라는 문화적으로 남자가 부모를 떠나는 것이 아니라 여자가 부모를 떠나 남자의 집으로 들어가게 되어 있습니다. 불행은 여기서부터 시작됩니다. 시집살이가 시작되고 제사도 지내야 하는 등 독립적인 삶이 전혀 없습니다. 그들이 독립적인 삶을 살려면 적어도 50세나 60세가 되어야 겨우 가능합니다.

'남자가 부모를 떠나'라는 말에는 '남자나 여자나 모두 부모를 떠나라'라는 말이 내포되어 있습니다. 신혼부부는 인생 경험도 많지 않고 자녀를 낳아 본 경험도 없습니다. 따라서 어른들이 볼 때는 불안하고 여러 가지 실수가 눈에 띄기 때문에 자꾸 두 사람 사이에 개입하고, 간섭하고, 잔소리를 합니다. 그러나 성경은 결혼하는 순간부터 독립의 원리를 적용하라고 말합니다. 조금 실수가 있고 부족해도 떼어 내라는 것입니다. 그러면 실수와 잘못이 있어도 빠른 시간 내에 회복하고 결정권을 가지고 독자적인 가정을 꾸려 갈 수 있는 능력이 생깁니다.

부모를 떠난다는 것은 육체적으로, 경제적으로, 정신적으로 떠난다는 것입니다. 많은 젊은이가 부모를 떠나 분가하기를 원하면서도 경제적으로는 도움을 받기 원합니다. 이것은 잘못된 것입니다. 아버지가 부자인 것과 아들의 경제는 사실 관계가 없습니다. 독립성은 진정한 새로운 가정의 출발입니다.

한편 자식이 결혼하기를 원했던 부모도 막상 자식이 결혼하면 섭섭하고 고독해합니다. 모두 잃어버렸다고 생각되기 때문입니다. 그러면 교회에 나와 하나님과 이웃을 위해 시간을 보내기 바랍니다. 저는 이것이 하나님의 섭리라고 생각합니다. 자식에게 기대하던 마음을 끊고 인생의 남은 생애를 하나님을 의지하고 살며 천국을 준비해야 합니다. 그렇게 하는 것이 바람직함에도 불구하고 자식에게 계속 미련을 두어 자식이 40세가 넘고 50세가 되어도 자식을 조종하는 부모가 많이 있습니다.

한편 결혼 후에도 항상 부모에게 도움을 요청하는 자녀가 있습니다. 이런 자녀는 모든 일을 항상 부모가 해 주었기 때문에 혼자 세상을 뚫고 살아 나갈 힘을 키울 수가 없습니다. 부모가 돕는 것이 임시방편은 될 수 있지만 계속된다면 결국 자녀를 무능하게 만들고 말 것입니다. 힘들고 어려워도 자녀가 독립해서 스스로 판단하고 살아갈 능력을 키워 주는 것이 진정으로 자녀를 축복하는 방법입니다.

자식을 포기하기 바랍니다. 자식은 부모 것이 아니라 하나님의 것입니다. 자식에게 기대지도 마십시오. 우리의 인생은 하나님 앞에 있을 뿐입니다. 자식은 자식의 인생을 살도록 내버려 두어야 합니다. 지나치게 간섭하는 것은 자녀를 무능하고 불행하게 만듭니다.

둘째, 하나님이 의도하신 가정의 원리는 '연합'입니다. 창세기 2장 24절을 보면, "그 아내와 연합하여"(개역한글)라고 말합니다. '연합한다'는 말은 아교풀로 두 물체를 붙인다는 뜻입니다. 결혼한 부부가 남편이나 아내와 의논하지 않고 각자의 어머니와 의논하는 것은 진정으로 연합되지 않았기 때문입니다. 결혼은 했지만 연합되지 않았기 때문에 다른 사람이 들어올 수 있는 빈 공간을 열어 준 것입니다. 그러나 진정한 결혼은 부부가 아교풀로 붙여 놓은 것처럼 밀착되어 하나 됨으로 어느 누구도 들어올 수 없어야 합니다.

연합할 때는 3가지를 조심해야 합니다. 먼저, 문화의 차이입니다. 남자와 여자가 결혼했다고 해서 갑자기 하나 될 수는 없습니다. 문화가 사람을 지배하기 때문입니다. 가정, 학교, 살아온 배경이 다르고 부모에게서 길들여진 습관, 가풍, 물질 관리 방법, 대인관계 방식 등이 다릅니다. 둘이 만나서 사랑하지만 문화가 맞지 않기 때문에 부부는 매일매일 문화적인 충돌을 경험합니다. 그러므로 부부는 각자 살아온 배경이 서로 다르다는 것을 인식하고 서로에게 맞추려고 노력해야 합니다.

서로에게 맞추는 한 가지 방법은 자기의 것을 포기하는 것입니다. 그러나 대부분의 사람들은 자기 것을 포기하지 않고 상대방을 이기려고 합니다. 이런 부부는 죽을 때까지 서로 싸우다 맙니다.

또 하나는 상대방을 이용하지 않는 것입니다. 대부분의 사람들이 결혼할 때 상대방의 학벌과 가문을 따지는 이유는 이용하려고 하기 때문입니다. 내 것을 포기해야 상대방의 것을 받아들일 수 있습니다. 두 사람이 서로 연합하려면 자기의 꿈을 포기하고, 두 사람이 동의한 새로운 꿈을 만들어 가야 합니다. 그때 부부는 아교풀로 붙인 것처럼 밀착됩니다. 상대를 이기려고 하지 마십시오. 그런 싸움은 끝이 없습니다.

또한 부부가 잘 연합하기 위해서는 상처와 잘못된 부분을 깨끗이 치유해야 합니다. A라는 물체와 B라는 물체를 붙이려면 접촉 부분을 깨끗이 닦아야 합니다. 그곳에 물기가 있거나 녹이 슬었거나 먼지가 있으면 아무리 좋은 접착제로 붙였다 해도 곧 떨어지고 맙니다. 마찬가지로 남자와 여자가 잘 연합하기 위해서는 각자의 상처와 잘못된 부분을 깨끗이 치유해야 합니다.

부부가 겪는 문제들 가운데 많은 부분은 서로가 치유되지 않은 채 결혼하기 때문에 일어납니다. 우리는 태어나 자라면서 나름대로 모두 상처를 받고 삽니다. 이 상처들이 예수의 이름으로 치유되어야 합니다. 상처가 고백되고, 공개되고, 그 아픔들이 치유되어 이기적인 자기 동기와 개성을 포기해야 합니다. 그러나 치유는 갑자기 이루어지지 않습니다. 기다려야 합니다.

아울러 A라는 물체와 B라는 물체가 잘 붙기 위해서는 좋은 아교풀이 있어야 합니다. 같은 원리로 부부가 연합할 때는 '사랑'과 '용서'라는 접착제가 필요합니다. 또한 '예수 그리스도'라는 접착제가 있을 때 남자와 여자는 진정으로 연합됩니다.

'연합되었다'는 말은 떨어질 수 없고, 헤어질 수 없다는 말입니다. 뼈는 부러진 후에 다시 봉합하면 더욱 튼튼해지고, 나무는 아교풀로 붙이면 보통 나무보다 더욱 견고해집니다. 마찬가지로 미완성인 남녀가 만났지만 예수님으로 온전히 연합될 때 이 세상 어떤 시험도 두 사람을 나눌 수 없게 됩니다. 이처럼 성경적인 가정의 두 번째 원리는 물 샐 틈 없이 부부가 서로 강력하게 연합하는 것입니다.

셋째, 하나님이 의도하신 가정은 그 궁극적인 목표가 '한 몸을 이루는 것'에 있습니다. 창세기 2장 24절이 "둘이 한 몸을 이룰지로다"라고 말하듯이, 가정의 궁극적인 목표는 부부가 한 몸을 이루는 것입니다. 몸은 갈라지면 두 개가 되는 것이 아닙니다. 몸은 갈라지면 죽습니다. 그것이 몸의 특징입니다. 한 몸을 이루는 것은 단순히 정신적이고 이성적인 관계 이상의 것이며, 육체적이고 성적인 것 이상의 관계입니다. 부부 관계는 영적인 것이며 인격적인 것입니다.

현대 가정의 위기는 동물처럼 살거나 짐승이 되려고 하는 데 있습니다. 사람마다 누구든지 분열과 헤어짐의 상처가 있습니다. 그러나 하나님을 통해 화해와 만남, 진정한 가정의 회복이 이루어질 것입니다. 이런 만남과 회복의 축복이 우리에게도 있기를 바랍니다. 이런 축복은 예수 그리스도로 말미암아 가능합니다.

> 그는 우리의 화평이신지라 둘로 하나를 만드사 원수 된 것 곧 중간에 막힌 담을 자기 육체로 허시고 법조문으로 된 계명의 율법을 폐하셨으니 이는 이 둘로 자기 안에서 한 새 사람을 지어 화평하게 하시고 또 십자가로 이 둘을 한 몸으로 하나님과 화목하게 하려 하심이라 원수 된 것을 십자가로 소멸하시고(엡 2:14-16).

누구든지 그리스도 안에 있으면 새로운 피조물이 되며, 상처가 치유되고, 한 몸을 만들고, 막힌 담을 헐게 됩니다. 창세기 2장 25절은 참된 부부에 대해 이렇게 말합니다.

> 아담과 그의 아내 두 사람이 벌거벗었으나 부끄러워하지 아니하니라(창 2:25).

참된 부부는 부끄러움이 없는 관계여야 합니다. 부끄러움이 없다는 것은 부부 사이가 투명하다는 것이고, 거짓이 없다는 것이며, 죄가 없다는 것입니다. 그때 하나님이 기뻐하시는 복된 가정이 됩니다. 하나님의 복이 우리 가정과 부부 사이에 흘러넘치기를 간절히 원합니다.

3부

하나님의 놀라운 구원 계획

창세기 3:1-24

예수님을 영접한 사람은 천국이 회복되고 에덴동산이 회복됩니다.
선악과를 먹지 않고 생명나무 열매를 먹게 될 것이며,
남을 비판하고 정죄하는 것이 아니라 사랑하게 될 것입니다.
악으로 악을 이기지 않고 선으로 악을 이기는
놀라운 영적 경험을 하게 될 것입니다.
새 하늘과 새 땅이 회복될 것입니다.

12

하나님 말씀으로 모든 유혹을 맞상대합니다

창세기 3:1-5

나는 신실한 하나님의 사람인가?

인류의 타락은 유혹으로부터 시작되었습니다. 유혹이 있는 곳에는 죄가 있습니다. 유혹은 유혹자로부터 옵니다. 많은 사람이 유혹에 대해 논의하지만, 정작 유혹을 가져오는 유혹자에 대해서는 침묵하고 깊이 생각하지 못합니다. 원인을 모르면 결과를 해석할 수 없습니다. 우리가 당하는 고통과 아픔은 원인을 치료하지 않으면 해결할 수 없습니다. 유혹보다 더 깊이 생각해야 하는 것은 유혹자인 사탄입니다. 사탄이 어떻게 우리를 유혹해서 저주와 파멸과 죽음으로 몰아갔는지를 바로 알 때 우리는 예수 그리스도의 이름으로 승리할 것입니다.

> 그런데 뱀은 여호와 하나님이 지으신 들짐승 중에 가장 간교하니라 뱀이 여자에게 물어 이르되 하나님이 참으로 너희에게 동산 모든 나무의 열매를 먹지 말라 하시더냐(창 3:1).

이 말씀을 보면 자기의 정체를 숨기고 대리인 혹은 하수인을 앞세우는 것이 사탄의 방법이라는 점을 알 수 있습니다. 이처럼 사탄의 첫 번째 전략이 자기를 숨기는 것이기 때문에 우리는 사탄을 정확히 알아내기가 힘듭니다. 하와를 유혹할 때도 사탄은 그랬습니다. 이 말씀에는 '사탄'이라는 단어가 나오지 않고 '뱀'이 나옵니다. 사탄은 언제나 커튼 뒤에서 음모를 꾸밉니다. 사람을 조종하고 자기의 하수인으로 사용합니다. 그러나 나중에는 그 하수인조차도 비참하게 버립니다.

떳떳한 사람은 언제나 자신을 보여 주지만 그렇지 못한 사람은 자기를 숨깁니다. 사탄이 그렇습니다. 사탄은 정체가 드러나면 끝이 납니다. 그렇기 때문에 우리가 사탄을 이기는 방법은 그의 정체를 드러내는 것입니다. 예수 그리스도의 이름으로 사탄의 세력이 떠나도록 선포하고 그를 숨겨 주지 않는 것입니다. 그의 활동이 드러나게 하고, 그의 본질을 파악해서 선포하고 세상 모든 사람에게 알리면 사탄은 우리 집에 더 이상 있을 수 없고 우리의 삶과 교회에서도 떠날 수밖에 없습니다. 야고보서 4장 7절도 "마귀를 대적하라 그리하면 너희를 피하리라"라고 말합니다.

어떤 사람은 예수 믿는 것을 남에게 드러내려고 하지 않습니다. 그럴 때 사탄은 그를 공격합니다. 예수 믿는 것을 자랑하고 그리스도인임을 선포하십시오. 그때 사탄은 우리를 공격할 수 없게 됩니다. 자신을 밝고 투명하게 만들어 보십시오. 우리가 자신을 어둡게 만들어 놓으면 사탄이 그곳에서 기생합니다.

창세기 3장 1절에서 사탄에 대해 알 수 있는 또 한 가지 사실은 '사탄은 누구에게 접근하느냐'는 것입니다. "뱀은 … 가장 간교하니라." 이처럼 사탄은 간교하고 교활한 자를 이용합니다. 사탄은 인간을 유혹하기 위해 짐승을 사용했습니다. 모든 귀신, 종교에도 짐승들이 등장합니다. 짐승들이 사탄을 대신해서 활동합니다. 사탄이 뱀을 선택한 이유는 하나님이 지으신 짐승들 중에 가장 간교했기 때문입니다. 간교하고 교활한 성품을 가진 사람들은 사탄이 사용하기 쉽습니다.

혹시 우리 가운데 자라 온 과정 중에서 본의 아니게 사특하고 간교한 성품을 가지게 된 분이 있다면 빨리 회개하고 돌아오십시오. 가룟 유다나 바로가 되기 쉽습니다. 사탄의 문화와 접촉하고 살면 그렇게 변하는 것입니다. 잘난 척하고, 권모술수에 능하고, 배짱 좋고, 교만하고, 영리한 사람들은 위험인물들입니다. 주변에 그런 사람들이 있다면 경계하십시오. 그런 사람들은 일시적으로 도움을 주는 것 같지만 결국에는 우리를 위기에 빠뜨립니다. 왜냐하면 사탄이 이용하기 쉽기 때문입니다.

하나님의 사람은 신실하신 하나님을 닮은 사람입니다. 하나님을 믿는 사람의 특색은 신실함에 있습니다. 조금 능력이 없고 미련해도 상관없습니다. 가장 중요한 것은 신실함입니다. 남편이나 아내도 신실한 사람이 최고입니다. 또한 하나님의 사람은 거짓이 없고 투명한 사람입니다. 그러나 사탄이 쓰는 사람들은 투명하지 않습니다. 말과 행동이 앞뒤가 맞지 않아서 어디까지 믿고 어디서부터는 믿지 말아야 할지 알 수 없습니다. 사탄이 이스라엘 백성을 대적하기 위해 애굽의 바로를 사용했으며, 예수 그리스도를 십자가에 못 박기 위해 가룟 유다를 이용했다는 사실을 기억하십시오.

창세기 3장 1절을 통해 알 수 있는 사실이 하나 더 있습니다. 사탄은 사람을 공격할 때 강압적인 방법을 쓰지 않고 회유와 의심의 방법을 사용한다는 것입니다. 대부분의 사람들은 사탄이 무섭고 공격적일 것이라고 생각합니다. 까만 망토를 입은 드라큘라처럼 송곳니를 내밀고 입에 피를 흘리며 나타나는 괴담의 주인공을 상상합니다. 그러나 사탄은 언제나 천사의 모습을 하고, 공격이 아니라 회유의 모습으로, 또 달콤한 유혹으로, 가장 지성적이고 상식적이고 그럴듯한 방법으로 찾아옵니다. 따라서 누구든지 쉽게 속습니다.

사탄은 하나님을 믿지 말라거나 부인하라고는 하지 않습니다. 하지만 의심을 갖게 합니다. 우리의 믿음에 의심의 씨를 뿌리는 것입니다. 사탄이 쓰는 방법은 "하나님은 없다"고 말하는 것이 아니라 "하나님이 정말 그러셨느냐?"라고 물어보는 것입니다. 사탄의 방법을 조심하십시오. 가장 큰 유혹은 부드럽고, 신앙적이며, 하나님의 이름으로 옵니다. 그런 후에 하나님을 부인하게 만듭니다.

뱀 안에 사탄이 들어가서 역사했습니다. 사탄은 절대로 자기 얼굴을 내보이지 않습니다. 뱀을 사용하고 가룟 유다 등 여러 종류의 사람들을 이용해 자기 목적을 이룹니다. 뱀은 하와에게 접근했습니다. 뱀이 여자에게 접근했다는 사실은 아담보다 나중에 만들어진 가장 아름다운 여자가 유혹에 약하다는 점을 보여 줍니다. 디모데전서 2장 14절은 "아담이 속은 것이 아니고 여자가 속아 죄에 빠졌음이라"라고 말합니다. 사탄은 남자를 공격하지 않고 유혹에 약한 여자를 공격했습니다. 그래서 그 여자가 넘어지면 그 여자를 이용해서 남자를 유혹하는 것입니다.

사탄은 우리를 유혹할 때 언제나 약점을 파고듭니다. 우리는 다양한 죄를 짓는 것이 아니라 동일한 죄를 반복해서 짓습니다. 어떤 사람은 여자에 약하고, 어떤 사람은 술에 약합니다. 어떤 사람은 성공과 명예에, 돈과 물질에 약합니다. 어떤 사람은 화를 잘 냅니다. 그것을 조심하고 거기에서 회복이 일어나야 합니다. 그러면 사탄이 떠나갑니다. 사탄은 우리의 약점을 노립니다. 상대방의 약점을 공격하기 좋아하는 사람은 사탄의 성격을 가진 것입니다. 그러므로 남의 약점을 이용하지 마십시오.

사탄은 약한 부분을 공격합니다. 그리고 일단 공격에서 무너지면 천사의 가면을 벗고 자신의 모습을 드러냅니다. 그다음에 그 사람을 파괴하기 시작합니다. 이것이 사탄의 방법입니다.

나의 언어는 나의 미래다

뱀은 여자에게 접근해 물어보았습니다. "뱀이 여자에게 물어 이르되." 이 말을 주목하십시오. 짐승은 말을 할 수 없습니다. 그런데 여기를 보면 짐승이 말을 하고 있습니다. 사탄이 우리를 공격하는 도구는 '언어'입니다. 우리의 언어생활이 얼마나 중요한가를 말씀을 통해서 알 수 있습니다.

성경을 보면 짐승이 말을 한 경우가 두 번 있습니다. 먼저 여자를 유혹할 때 뱀이 인간의 언어를 사용했습니다. 그리고 민수기 22장을 보면 발람이라는 선지자가 나오는데 나귀가 그에게 말한 적이 있습니다. 짐승이 말하는 것은 특별한 일입니다. 사탄이 우리를 공격하는 도구가 언어라는 사실을 기억하십시오. 언어는 의사와 메시지를 전달하는 도구입니다. 뿐만 아니라 언어는 영향력을 미칩니다. 우리가 어떤 언어를 쓰느냐가 우리를 결정하는 것입니다.

사탄의 조종을 받은 뱀은 여자에게 찾아와서 "하나님이 참으로 너희에게 동산 모든 나무의 열매를 먹지 말라 하시더냐"라는 그럴듯하고, 이성적이고, 상식적인 말로 유혹을 시작했습니다.

언어는 입에서 나오는 것이 아니라 마음과 지적인 사고를 통해서 나옵니다. 우리는 해야 할 말, 하지 말아야 할 말, 참을 말 등을 생각한 후에 말합니다. 어렸을 때부터 아버지가 술 마시고 어머니를 때리는 등 어려운 집에서 자란 자녀가 있다고 생각해 봅시다. 그 아이가 듣고 보는 것은 아버지가 매일 욕하는 모습입니다. 그러면 그 아이는 그 언어로 훈련이 됩니다. 10-20년을 그 속에서 살다 보면 아이도 그런 성격이 됩니다. 언어가 문화를 만들고, 문화가 미래를 만드는 것입니다.

혹시 우리 가운데 언제나 비판적이고, 부정적이고, 냉소적인 언어를 사용하는 사람이 있다면 예수 이름으로 끊기 바랍니다. 왜냐하면 그 사람의 미래를 불행하게 만들기 때문입니다. 언어는 단순히 의사 전달을 할 뿐만 아니라 인격과 문화를 만들며 영향력을 미치므로 함부로 비판하거나 부정적인 말을 해서는 안 됩니다.

때로 우리는 말을 해 놓고는 "나는 그렇게 말하고 싶지 않았는데…"라고 후회할 때가 있습니다. 만약 자기도 모르게 나쁜 말이 튀어나온다면 그것은 자기가 하는 것이 아니라 우리의 언어를 누군가 지배하고 있는 것입니다. 내가 나쁜 말을 할 때 그 말은 상대방에게 가기 전에 내 입에서 먼저 나오고, 그 입에서 나오기 전에 가슴에서 나옵니다. 그리고 가슴에서 나오기 전에 머리에서 나옵니다. 우리가 욕을 하려면 이러한 과정을 거치는 도중에 혈압이 올라가고, 가슴이 두근거리고, 신경이 긴장되는 현상이 일어납니다. 그것은 바로 우리를 죽이는 일입니다. 상대방이 죽기 전에 우리 자신을 먼저 죽게 하는 것입니다.

그러나 축복의 말, 용서의 말, 사랑의 말을 하고, 부드러운 말을 사용해 보십시오. 그러면 그 말이 입에서 나가기 전에 우리의 마음이 따뜻해질 것입니다. 생각을 축복으로 바꾸어 줄 것입니다. 그 말이 다른 사람에게 축복을 주기 전에 먼저 우리 자신을 축복할 것입니다.

언어 습관은 하루아침에 이루어지지 않습니다. 자녀가 사용하는 언어는 부모의 책임입니다. 자녀가 반항하고 비판적인 이유는 모두 그 부모에게서 배운 것입니다. 언어를 바꾸십시오. 절대로 다른 사람을 비판하지 마십시오. 언어로 유희하거나 장난하지 마십시오. 남을 속이지 마십시오. 예수님의 말씀을 항상 기억하십시오. 우리의 언어에 말씀이 가득 차게 하고, 우리의 생각에도 하나님이 가득하게 하십시오. 그러면 어떤 위기에 처할지라도 두려워하지 않게 되고, 어떤 원수를 만날지라도 사랑하게 될 것입니다. 그것이 우리 자신을 축복하는 방법입니다. 나의 언어는 나의 미래입니다.

뱀이 하와에게 한 말은 하와를 죽이는 말이었습니다. 사탄의 말을 들은 하와는 선악과를 성큼 따 먹고 말았습니다. 야고보서 3장은 "너의 혀를 조심하라. 이 혀를 통해 찬송을 할 수도 있고 저주를 할 수도 있다. 혀를 잘 사용하라"고 말합니다. 축복과 저주가 우리의 혀 안에 있습니다.

사탄을 이기는 비결은 오직 한 가지, 말씀을 듣는 것

우리는 유혹을 받을 때 건강이나 물질이나 쾌락이나 명예 때문이라고 생각합니다. 그러나 사탄의 관심은 건강에도, 물질에도, 쾌락에도, 명예에도 있지 않습니다. 사탄의 관심은 '하나님의 말씀'에 있습니다. 우리가 하나님의 말씀대로 살면 사탄은 패배합니다. 그렇기 때문에 사탄은 우리가 하나님의 말씀을 듣지 못하게 하고, 말씀대로 살지 않도록 유혹하며 의심하게 합니다. 사탄의 최대 공격은 설교를 듣지 못하게 하는 것입니다. 설교를 듣지 못하게 방해하는 방법은 간단합니다. 목사를 미워하고 성경을 가르치는 사람을 싫어하게 만드는 것입니다. 그러면 아무리 좋은 설교도 들리지 않습니다. 사탄의 관심은 우리로 하여금 '하나님의 말씀과 접촉하지 못하게 하는 것'입니다.

창세기 3장 1절에서 가장 중요한 단어는 '참으로'입니다. 의심은 의심을 낳지 믿음을 낳지 않습니다. 믿음이 믿음을 낳습니다. 계속 믿으십시오. 의심하기 시작하면 교회를 떠나고 믿음을 잃어버리게 됩니다.

만일 사탄이 하와에게 찾아와서 하나님이 없다고 했거나 하나님이 하신 말씀은 모두 거짓말이라고 했다면 하와는 당장 사탄에게서 도망쳤을 것입니다. 그런데 사탄은 교묘하게 "하나님이 참으로 너희에게 동산 모든 나무의 열매를 먹지 말라 하시더냐"라고 물어보았습니다. "모든 나무의 열매를 먹지 말라 하시더냐"라는 말에 하와는 속은 것입니다. 창세기 2장 16-17절을 보십시오.

> 여호와 하나님이 그 사람에게 명하여 이르시되 동산 각종 나무의 열매는 네가 임의로 먹되 선악을 알게 하는 나무의 열매는 먹지 말라 네가 먹는 날에는 반드시 죽으리라 하시니라(창 2:16-17).

사탄은 지금도 변함없습니다. 그가 우리를 유혹하는 목적은 하나님의 말씀을 듣지 못하게 하려 함입니다. "교회는 가라. 그러나 설교는 듣지 마라." 사탄은 이렇게 말합니다. 그리고 예배에는 관심이 없고 다른 일만 열심히 하게 합니다. 은혜 받을 시간에 들어가지 못하게 합니다. 혹시 최근에 자신에게 이런 일이 있었다고 판단되면 그것은 사탄이 나를 공격하고 있는 것이라고 생각하면 됩니다.

말씀을 받지 않으면 더 화가 나고, 더 이성적이고 인간적이 되며, 더 세상적이고 합리적이고 상식적으로 변합니다. 은혜가 없고 모두 율법이 됩니다. 그리고 예수 이름으로 정죄하기 시작하고, "나는 잘 믿고 너는 못 믿는다"고 말하게 됩니다. 왜냐하면 헌금도 하고, 봉사도 하고, 교회에 잘 나오지만 은혜는 받지 못하기 때문입니다. 그러면 삶이 비참하고 불쌍해집니다. 교회에 나오면서도 뭔가 마음이 불편합니다.

사탄을 이기는 비결은 오직 한 가지, 말씀을 듣는 것입니다. 우리가 성경을 읽기 시작하고, 큐티를 하고, 새벽기도회에 나오기 시작할 때 우리 주위를 맴돌던 사탄이 떠나갈 것입니다. 새벽기도회에 나가십시오. 이것은 축복의 비밀입니다. 생명의 기도 줄을 잡으십시오. 말씀을 공부하고, 말씀을 가르치십시오. 성경을 외우십시오. 말씀을 먹고, 말씀 안에서 살고, 말씀에 순종하는 삶만이 사탄의 세력을 꺾고, 이기고, 승리하게 합니다.

저는 최근에 아주 감동적인 이야기를 들었습니다. 온누리교회 운영국에 10여 년간 근무한 한 집사님은 교회 지하실에서 일합니다. 그분은 현재 성경을 다섯 번째 쓰고 있다고 합니다. 성경을 쓰면서 은혜 받고, 기적이 일어나고, 가정의 문제가 해결되는 체험을 많이 했다고 합니다. 지하실 환경을 불평할 수도 있습니다. 그러나 집사님은 환경에 대한 불평을 성경 쓰는 일로 바꾸었습니다. 우리가 처한 최악의 환경을 축복의 환경으로 바꾸기를 바랍니다.

> 여자가 뱀에게 말하되 동산 나무의 열매를 우리가 먹을 수 있으나 동산 중앙에 있는 나무의 열매는 하나님의 말씀에 너희는 먹지도 말고 만지지도 말라 너희가 죽을까 하노라 하셨느니라(창 3:2-3).

하와가 사탄의 유혹에 넘어간 원인은 하나님의 말씀을 경홀히 여겼기 때문입니다. 복이 중요하지만, 복을 중요하게 여기는 것이 더욱 중요합니다. 많은 축복이 주어졌지만 잘 관리하지 못하는 사람이 많습니다. 하나님이 복 주시기만을 바라지 말고 받은 복을 잘 관리하십시오. 감사하고 기뻐하십시오.

하와는 하나님이 주신 말씀의 축복을 별로 중요하게 생각하지 않고 적당히 이해해서 죄를 범했습니다. 하나님의 말씀은 적당하거나 불분명하지 않습니다. 능력의 말씀이요, 구원의 말씀이요, 우리로 하나님의 자녀가 되게 하는 말씀입니다. 교회를 다니면서도 은혜 받지 못하는 이유는 적당히 교회에 오기 때문입니다. 그러면 교회를 10-20년 다녀도 소용없습니다. 하나님의 말씀의 능력에 붙잡혀 봐야 합니다. 내 기도가 응답되었다는 사실을 확인해 보아야 합니다. 그것이 기쁨이고 축복입니다. 하와의 교만과 실수는 이 축복을 깨닫지 못한 데 있었습니다.

하와의 또 하나의 실수는 하나님의 말씀을 자기 마음대로 빼고 덧붙인 것입니다. 하나님의 말씀을 마음대로 덧붙이거나 빼는 자에게는 저주가 있다고 요한계시록은 말하고 있습니다(계 22:18-19).

성경이 이해되지 않으면 넘어갑시다. 이해가 되지 않는 이유는 성경이 틀렸기 때문이 아니라 우리의 수준이 부족하기 때문입니다. 억지로 해석하지 말고 넘어가십시오. 성경이 말하는 대로, 그대로 믿으십시오. 성경이 무시될 때 1차 세계대전이 일어났습니다. 성경을 이스라엘의 신화 책이라고 무시했을 때, 성경이 인간이 만들어서 편집한 책이라고 양식비평 주장을 늘어놓았을 때 인간의 도덕성이 땅에 떨어졌습니다. 그러나 성경이 하나님의 책으로 존경을 받을 때마다 역사가 새로워졌습니다. 우리 가정에서 성경을 최고의 책으로 믿을 때 우리 가정이 복을 받고, 자녀가 복을 받고, 이 나라가 복을 받을 줄 믿습니다. 이것이 하나님의 말씀입니다.

사탄의 유혹의 궁극적 목적은 하나님의 말씀을 믿지 못하게 하고, 듣지 못하게 하는 것입니다. 예수 믿은 지 오래된 사람의 병은

'다 안다'는 병입니다. 무엇을 알고 얼마나 압니까? 얼마나 성경을 읽고 가르쳤습니까? 사실 우리가 깨닫지 못한 진리가 얼마나 많은지 모릅니다. 말씀을 붙잡고 사십시오. 그것이 사탄을 이기는 비결입니다. 말씀을 외우십시오. 저는 그리스도인들이 성경 교사가 되기를 바랍니다. 하와가 하나님의 말씀을 만홀히 여기고 적당히 생각했기 때문에 사탄의 유혹에 빠진 것을 기억합시다.

사탄이 "하나님이 참으로 너희에게 동산 모든 나무의 열매를 먹지 말라 하시더냐"라고 물었을 때 하와는 "동산 나무의 열매를 우리가 먹을 수 있으나 동산 중앙에 있는 나무의 열매는 하나님의 말씀에 너희는 먹지도 말고 만지지도 말라 너희가 죽을까 하노라 하셨느니라"(창 3:2-3)라고 대답했습니다.

창세기 2장 17절에서 하나님이 "선악을 알게 하는 나무의 열매는 먹지 말라"고 하셨는데 하와는 여기에 말을 덧붙였습니다. "먹지도 말고 만지지도 말라"고 한 것입니다. 그리고 하와는 "너희가 죽을까 하노라"라고 말했는데 앞서 하나님은 "네가 먹는 날에는 반드시 죽으리라"라고 말씀하셨습니다. 이는 하와가 말을 뺀 것입니다. 또 창세기 3장 4절을 보면 뱀이 여자에게 "너희가 결코 죽지 아니하리라"라고 말했습니다. 여자가 하나님의 말씀을 섞어 놓았을 때 사탄이 낚아채는 모습을 볼 수 있습니다. 사탄은 하나님과 정반대로 말했습니다. 이제 여자는 절대로 도망갈 수 없게 되었습니다.

> 너희가 그것을 먹는 날에는 너희 눈이 밝아져 하나님과 같이 되어 선악을 알 줄 하나님이 아심이니라(창 3:5).

여자가 선악과를 따 먹게 된 이유는 창세기 3장 5절에서 사탄이 준 잘못된 비전 때문이었습니다. 요즘 아이들이 가출하는 이유는 잘못된 환상을 믿고 집을 나가면 행복한 줄 알기 때문입니다. 공산주의는 수십 년 동안 잘못된 비전 때문에 수많은 사람을 고생시켰습니다. 이제 모두 망한 다음에야 깨닫고 있습니다. 그것이 잘못된 환상입니다.

사탄은 우리에게 잘못된 비전을 줍니다. 먼저, "너희가 선악과를 먹는 날에는 하나님과 같이 되리라"라고 말했습니다. 이것만큼 환상적인 유혹이 없습니다. 그다음으로 "너희가 선악과를 먹으면 선악을 분별할 능력이 생길 것이다"라고 말했습니다. 이러한 잘못된 비전 때문에 엄청난 실수를 저지르게 되는 것입니다.

그러나 안심하십시오. 다음 장에서 살펴보겠지만 예수님이 우리를 다시 살리셨습니다. 해독제를 주셨습니다.

13

예수가 이기셨으니 우리도 이깁니다

창세기 3:6-7

말씀의 권위를 높이면 우리의 권위도 높아진다

사탄이 어떻게 최초의 인간인 하와와 아담을 유혹했는지, 죄가 이 땅에 어떻게 들어왔는지에 대해 살펴보았습니다. 사탄의 가장 기본적인 전략은 자기를 숨기고 뱀을 대신 사용해 자기의 목적을 이루는 것입니다. 그리고 뱀은 남자에게 접근하지 않고 여자에게 먼저 다가갔습니다. 사탄은 누구보다도 우리의 약점을 잘 알고, 그것을 통해 우리를 유혹합니다. 그리고 뱀은 여자에게 공격적으로 접근하지 않고 달콤하고 환상적인 언어로 유혹했습니다. 여기서 우리는 언어가 사탄의 공격 도구로 쓰일 수 있다는 사실을 알게 되었습니다. 사탄은 천사의 모습으로 가장하고 나타납니다. 그러나 일단 걸려들면 발톱을 내놓고 본성을 드러냅니다.

이제 사탄이 우리를 어떤 방식으로 유혹하는지 알아보겠습니다.

첫째, 사탄은 하나님의 말씀을 공격합니다. 사탄은 뱀의 모습으로 하와에게 나타나서 "하나님이 참으로 너희에게 동산 모든 나무의 열매를 먹지 말라 하시더냐"(창 3:1)라고 질문했습니다. 사탄은 결코 하나님의 존재를 부인하거나, 대적하거나, 잘못되었다고 말하지 않습니다. 그러나 "정말 하나님이 그러셨느냐?"라고 질문하며 의심하게 합니다.

사탄은 우리가 교회에 오는 것을 막지 않습니다. 그러나 교회에 와서 예배를 드리면서도 말씀은 듣지 못하게 합니다. 설교를 들을 때 졸게 합니다. 하나님의 말씀을 들으면 하나님을 알게 되기 때문입니다. 또 성경을 보더라도 성령의 감동으로 보지 말고 인간의 상식으로 보라고 종용합니다. 성경은 편집된 하나의 문서에 불과하다고 말합니다. 성경의 권위를 무너뜨려 하나님의 말씀으로 보지 못하게 하는 것이 사탄의 음모입니다.

그러나 성경은 단테 알리기에리(Dante Alighieri)의 《신곡》이나 요한 볼프강 폰 괴테(Johann Wolfgang von Goethe)의 《파우스트》나 존 밀턴(John Milton)의 《실락원》 같은 책들과는 근본적으로 다릅니다. 인간이 기록했지만 변함없는, 일점일획도 틀림없는 하나님의 말씀입니다. 하나님은 우리 눈에 보이지 않으시기 때문에 아무도 하나님을 만날 수 없습니다. 하지만 하나님의 말씀을 듣고, 읽고, 접촉함으로써 하나님을 깨닫고 믿을 수 있는 것입니다.

사탄은 우리의 건강이나 물질이나 성공에는 관심이 없고 오직 하나님의 말씀을 듣지 못하게 하는 데 관심이 있습니다. 그러다가 일단 인간이 유혹에 빠지면 자기의 본모습을 드러내고 하나님의 말씀을 정면으로 반박하기 시작합니다. 그것이 창세기 3장 4절 말씀입니다. 하나님은 "선악을 알게 하는 나무의 열매는 먹지 말라 네가 먹는 날에는 반드시 죽으리라"(창 2:17)라고 말씀하셨지만 사탄은 "너희가 결코 죽지 아니하리라"라고 말했습니다.

사탄의 가장 큰 유혹은 하나님의 말씀을 듣지 못하게 하고 혼미하게 하는 것입니다. 말씀이 무너지면 모든 것이 무너집니다. 하와를 유혹했던 사탄은 지금도 우리가 하나님의 말씀을 듣지 못하게 방해하고 있습니다.

하나님의 말씀을 듣지 못하게 하는 방법 중 하나가 목사와 싸우게 하는 것입니다. 목사에게 나쁜 감정이 생기면 설교가 들리지 않습니다. 또한 주일에 봉사는 하지만 설교는 듣지 못하게 합니다. 이것이 사탄의 전략입니다. 요즘 설교를 듣지 못하고, 성경 공부도 하지 않고, 소그룹 모임에도 가지 않고, 큐티도 하지 않는다면 그는 사탄에게 공격을 받고 있는 것입니다.

이 방법이 실패하면 사탄은 그다음 방법으로 말씀을 듣기는 들어도 헷갈리게 합니다. 의심하게 합니다. 성경을 학문으로, 이성으로 보게 합니다. 성경은 하나님의 감동으로 기록되었습니다. 따라서 성경은 성령의 기름 부으심이 있을 때 깨달아지고 달고 오묘한 말씀이 됩니다. 그러나 사탄은 이를 방해합니다. 그래도 우리가 집중해서 하나님의 말씀을 들으면 사탄은 또 그다음 단계로 넘어갑니다. "하나님의 말씀은 모두 옳다. 그러나 듣기만 하고 행동하지 말라"고 유혹하는 것입니다.

주야로 성경을 읽으십시오. 성경의 권위를 무너뜨리는 어떤 이론도 받아들이지 마십시오. 성경은 하나님의 말씀입니다. 과거에도, 현재에도, 미래에도 변함없는 하나님의 말씀입니다. 성경의 권위를 높이십시오. 그러면 우리의 권위가 높아집니다.

인간 이상도, 인간 이하도 아닌, 인간 되기

둘째, 사탄은 우리를 유혹할 때 "너도 신이 될 수 있다"고 말합니다. 인간에게 최대의 유혹거리는 신이 될 수 있다는 것입니다. 고대로부터 많은 사람이 신이 되기를 원했고, 신의 흉내를 내려고 했습니다. 인간이면서도 인간 이상의 존재가 되고 싶어 했습니다. 그러나 어떤 인간도 신이 될 수 없습니다. 신이 되려고 하면 할수록 불행해질 뿐입니다. 인간이기 때문입니다. 인간은 인간 이상 아무것도 아닙니다.

> 너희가 그것을 먹는 날에는 너희 눈이 밝아져 하나님과 같이 되어 선악을 알 줄 하나님이 아심이니라(창 3:5).

'신이 된다'는 것은 거창한 것이 아닙니다. 우리는 삶의 주변에서 끊임없이 신이 되라는 유혹을 받습니다. 신이 되려는 사람의 특징은 타인을 섬기려 하지 않고 다스리려 하는 것입니다. 남편은 아내를 사랑하려 하지 않고 자기 마음대로 지배하려 합니다. 회사를 운영하는 사장은 자기 마음대로 직원을 종처럼 부리려고 합니다. 신이 되려는 유혹 가운데 가장 큰 유혹은 사람을 자기의 노예로 삼고 싶어 하는 것입니다. 모든 것을 자기 수하에 두고 자기 마음대로 부려 보고 싶은 유혹입니다.

남을 지배하지 않기 바랍니다. 사람들은 높은 자리에 올라갈수록 지배력이 많아질 것이라고 생각합니다. 그래서 높은 자리와 위치를 탐냅니다. 하지만 남을 지배하면 불행이 시작됩니다. 그러나 남을 섬기면 복을 받습니다. 인간이 인간 이상의 존재가 되려고 할 때 인간은 불행해집니다. 다른 사람을 섬기십시오. 비록 사람을 부릴 수 있는 위치에 있다 할지라도 다른 사람들을 노예 취급하거나 독재하지 마십시오. 그들을 사랑하십시오. 그들을 섬기십시오. 그 때 하나님이 우리의 마음에 평화와 기쁨과 삶의 의미를 부어 주실 것입니다.

사람들은 높은 자리에 오르면 밑에 있는 사람이 올라오지 못하게 막습니다. 마찬가지로 사탄은 인간이 선악과를 먹으면 하나님처럼 될까 봐, 그것이 싫어서 하나님이 선악과를 먹지 못하게 하셨다며 인간에게 거짓말을 했습니다. 사탄은 이렇게 교묘하게 하나님을 제대로 파악할 수 없게 하고, 하나님께 경배와 찬양을 드리지 못하게 합니다.

사탄은 선악과를 먹지 못하게 하신 하나님의 사랑을 깨닫지 못하게 합니다. 하나님이 선악과를 못 먹게 하신 이유는 부모가 사랑하는 자녀에게 독을 먹지 못하게 하는 이유와 마찬가지입니다. 선악과를 먹으면 죄와 접촉하게 되고, 죄와 접촉하면 사망이 오고,

사망이 오면 저주와 심판이 옵니다. 그럼에도 사탄은 선악과를 먹으면 하나님과 같이 되기 때문에 하나님이 질투하고 시기하셔서 먹지 못하게 하신 것이라고 속였습니다. 들어 보면 그럴듯합니다. 사탄의 이야기는 항상 그럴듯합니다.

우리는 인간이 되어야 합니다. 짐승처럼 인간 이하는 되지 말아야 하지만, 또 인간 이상의 신과 같은 존재가 되려고 해서도 안 됩니다. 그것은 유혹입니다. 하나님의 형상으로 지으심을 받은 아름답고 사랑스러운 인간이 됩시다.

오늘, 선악과 먹기를 멈추고 선을 행하라

셋째, 사탄이 우리를 유혹하는 방법은 선악과를 먹으면 우리에게 하나님처럼 선과 악을 분별할 수 있는 능력이 생긴다고 부추기는 것입니다. 이 유혹의 방법은 아주 교묘합니다. 빛의 세계에서는 어둠을 의식할 필요가 없고, 생명의 세계에서는 죽음을 의식할 필요가 없습니다. 사랑의 세계에서는 미움을 말할 필요가 없습니다. 마찬가지로 선의 세계에서는 악을 말할 필요가 없습니다. 하와가 선악과를 따 먹기 전에는 악이 들어오지 않았습니다. 선밖에 없기 때문에 선악을 분별할 필요가 없었습니다. 그러나 사탄은 선악을 분별할 능력을 가지게 될 것이라면서 잘못된 환상을 갖게 했습니다.

우리는 악을 알 필요도, 접촉할 필요도 없습니다. 죄는 알면 알

수록 더 깊이 빠질 뿐입니다. 죄가 죄를 이기지 못합니다. 우리는 죄나 악을 알 필요가 없습니다. 우리는 선과 생명만 알면 되고, 빛과 사랑 가운데 거하면 됩니다. 그러나 사탄은 미움도, 죽음도 알 필요가 있다고 유혹합니다.

선악과를 먹는 일은 가장 위험한 일입니다. 왜냐하면 선악과를 먹는 순간부터 접촉하지 않아도 되는 악과 접촉하게 되기 때문입니다. 악이 접촉되는 이유는 하나님의 명령을 거역했기 때문입니다. 말씀을 거역한 것이 죄가 되기 때문입니다. 그러므로 선악과를 따 먹은 이후로부터는 죄와 악이 우리와 동행하게 되는 것입니다. 그 후부터는 "이것은 악이고, 이것은 선이다"라고 매일 구분하면서 살게 됩니다. 이것이 지옥입니다.

지옥은 선과 악을 구분하고 옳고 그름을 따지면서 미움과 질투와 시기와 살인과 전쟁이 일어나는 곳입니다. 우리는 선악과를 먹는 일을 오늘부터 중지하고 사랑과 용서하는 일을 시작해야 합니다. 누구든지 용서하고, 관용하고, 사랑하면 아무런 문제가 없습니다. 아내나 남편에게 실수가 있다 할지라도 사랑하고, 용서하고, 관용하면 됩니다.

선악과 나무는 참으로 위험한 나무입니다. 그것에는 정죄하고, 부정하고, 미워하고, 고발하는 영이 있기 때문입니다. 선만 있는 것이 아니라 악이 붙어살기 때문입니다.

> 여자가 그 나무를 본즉 먹음직도 하고 보암직도 하고 지혜롭게 할 만큼 탐스럽기도 한 나무인지라 여자가 그 열매를 따 먹고 자기와 함께 있는 남편에게도 주매 그도 먹은지라(창 3:6).

말이라는 것은 참으로 무서운 것입니다. 뱀이 와서 말하기 전까지는 선악과를 보아도 아무렇지 않았는데, 뱀이 속삭인 순간부터 선악과가 먹음직도 하고 보암직도 하고 지혜롭게 할 만큼 탐스럽게 보이기 시작했습니다. 이것이 사탄의 방법입니다. 우리의 말 한마디가 다른 사람을 살릴 수도 있고, 죽일 수도 있습니다. 하와는 뱀에게 그 말을 듣지 않았을 때는 아무 문제가 없었는데 듣고 난 후 헷갈리기 시작했습니다. 이것이 유혹입니다. 말씀에 굳게 서십시오. 좌로나 우로나 치우치지 말고, 감정을 따라 살지 마십시오.

"그 나무를 본즉 먹음직도 하고 보암직도 하고 지혜롭게 할 만큼 탐스럽기도 한 나무인지라"라는 말씀은 유혹의 단계를 보여 줍니다. 처음에는 먹음직하고, 그다음에는 보암직합니다. 그리고 지혜롭게 할 만큼 탐스럽게 보입니다. 이 유혹은 사탄이 지금도 우리에게 적용하고 있습니다.

선악과를 보자 하와는 '먹음직'했습니다. 우리는 먹는 일에 많은 유혹을 받습니다. 사실 먹는 일은 참으로 중요합니다. 먹는 것은 육체의 요구를 채우는 일이기 때문입니다. 그래서 가장 본질적인 유혹이기도 합니다. 배고프면 행복하지 않습니다. 그러나 배부르다고 다 행복한 것도 아닙니다. 물질이 없어도, 돈이 없어도 행복하지 않습니다. 필요한 만큼은 있어야 합니다. 그러나 물질이 있고 돈이 있다고 다 행복하지는 않습니다. 아무리 채워도 만족함이 없는 것이 육체의 만족입니다. 여기에는 성적인 만족도 포함됩니다. 물질적, 육체적인 유혹이 하와에게 다가왔습니다.

그다음으로 다가온 유혹은 '보암직'한 것입니다. 이것은 좀 더 깊은 유혹입니다. '본다'는 것은 물질적이 아니라 심리적이고 정신적인 것입니다. 사람들은 누구든지 멋있어지고 싶어 하고 자존심을 세우고 싶어 합니다. 누구나 백마를 탄 왕자가 되고 싶고 아름다운 공주가 되고 싶어 합니다. 이것은 물질적인 유혹과 다른 것입니다.

마지막으로 하와에게 다가온 유혹은 '지혜롭게 할 만큼 탐스럽게' 여겨진 것입니다. 인간의 마음속에는 끊임없는 욕망이 있습니다. 선악과만 먹으면 이 세상의 모든 지혜를 다 가질 수 있을 것 같고, 이 세상의 모든 욕망을 채울 수 있을 것 같은 충동을 느끼는 것입니다. 이것은 인간의 영혼 깊은 곳에 있는 영적인 유혹입니다.

그러나 우리가 죄와 접촉되지 않을 때는 이것들이 작동하지 않습니다. 만일 사탄이 하와에게 다가왔을 때 하나님의 말씀으로 끊어 버렸다면 아무 문제가 없었을 것입니다. 그러나 말씀이 허물어져 있었기 때문에 하와는 이 3가지 유혹의 틀을 쓰게 된 것입니다. 사탄은 육체의 유혹, 정신적인 유혹, 영적인 유혹의 틀을 하와에게

던졌습니다. 아직까지 죄를 짓지는 않았지만 이미 틀을 만들고 있었습니다. 이 유혹에 대해 요한일서 2장 15-16절은 다음과 같이 말하고 있습니다.

> 이 세상이나 세상에 있는 것들을 사랑하지 말라 누구든지 세상을 사랑하면 아버지의 사랑이 그 안에 있지 아니하니 이는 세상에 있는 모든 것이 육신의 정욕과 안목의 정욕과 이생의 자랑이니 다 아버지께로부터 온 것이 아니요 세상으로부터 온 것이라(요일 2:15-16).

육신의 정욕, 안목의 정욕, 이생의 자랑, 이 3가지는 창세기 3장에 나오는 하와를 공격한 사탄의 방법과 아주 유사합니다. 육체의 정욕은 곧 '먹음직한 것'이고, 안목의 정욕은 '보암직한 것'이며, 이생의 자랑은 '지혜롭게 할 만큼 탐스러움'을 의미합니다. 이러한 유혹에 대해 야고보서 3장 15절은 "땅 위의 것이요 정욕의 것이요 귀신의 것이니"라고 정의하고 있습니다.

예수님도 시험받으셨으나 승리하셨다

이러한 유혹은 아담뿐만 아니라 아담 이후의 모든 인간에게도 있습니다. 물질적 쾌락, 심리적 쾌락, 탐욕과 영적 욕망에 대한 유혹이 오늘날 우리에게도 있는 것입니다. 그러나 우리는 하와가 실패했던 이 3가지 시험으로부터 벗어날 수 있습니다. 예수님이 우리보다 먼저 시험을 당하시고 십자가에서 승리하셨기 때문입니다.

마태복음 3장을 보면, 예수님은 이 세상에 오셔서 30년 동안의 사역 준비를 마치시고 공생애를 시작하시기 전에 요단강에서 세례를 받으셨습니다. 물세례를 받으셨을 때 예수님께 성령이 임하시면서 "이는 내 사랑하는 아들이요 내 기뻐하는 자라"(마 3:17)라는 하나님의 음성이 들려왔습니다. 그 후 예수님은 성령께 이끌려 사탄에게 시험을 받으러 광야로 가서 40일을 밤낮으로 금식하셨습니다(마 4장 참조). 최초의 인간 아담과 하와가 사탄의 유혹에 실패했기 때문에 예수님은 이 유혹을 통해 사탄을 이기셔야 했습니다. 또한 사탄을 이기지 않고서는 예수님의 사역을 할 수가 없었습니다.

예수님은 걷지 못하는 자나 맹인들을 치유하시거나 귀신 들린 자를 고치시는 일을 먼저 하시지 않았습니다. 예수님이 세례를 받은 후 제일 먼저 하신 일은 사탄과 싸워 이기신 것입니다. 사탄이 예수님을 시험한 것은 하와를 대상으로 한 유혹과 같은 것이었습니다.

예수님은 사탄의 3가지 유혹으로부터 승리하셨습니다. 아담과 하와가 패배한 바로 그 유혹을 예수님은 말씀으로 승리하셨습니다. 예수님이 말씀으로 승리하셔야만 했던 까닭은 하와가 말씀으로 실패했기 때문입니다. 하와가 시험에서 실패한 이유는 말씀을 경홀히 여기고, 적당하게 생각하며, 마음대로 가감했기 때문입니다. 하지만 예수님은 하나님의 아들 된 권위로 세 번 모두 "기록되었으되"(마 4:4, 7, 10)라는 말씀으로 승리하셨습니다.

첫 번째, 사탄이 "명하여 이 돌들로 떡덩이가 되게 하라"고 했을 때 예수님은 신명기 8장 3절 말씀을 인용해 "사람이 떡으로만 살 것이 아니요 하나님의 입으로부터 나오는 모든 말씀으로 살 것이라 하였느니라"라고 답하심으로 육체적이며 물질적인 유혹을 이기셨습니다. 오늘부터 우리도 말씀으로 물질적인 유혹을 이기기를 간절히 바랍니다.

두 번째, 예수님은 사탄이 자신을 성전 꼭대기에 세우고 "뛰어내리라 기록되었으되 그가 너를 위하여 그의 사자들을 명하시리니 그들이 손으로 너를 받들어 발이 돌에 부딪치지 않게 하리로다 하였느니라"라는 심미적이고 정서적인 유혹을 할 때 신명기 6장 16절 말씀을 인용해 "주 너의 하나님을 시험하지 말라 하였느니라"라고 말씀하심으로 이기셨습니다.

세 번째, 사탄은 예수님을 산으로 데리고 가서 욕망에 대한 부분을 자극하며 유혹했습니다. 그때도 예수님은 "사탄아 물러가라"라고 먼저 말씀하신 후에 신명기 6장 13절 말씀을 인용해 "주 너의 하나님께 경배하고 다만 그를 섬기라 하였느니라"라고 답하심으로 유혹을 물리치셨습니다.

하와가 실패한 모든 유혹에서 예수님은 우리를 완전히 회복시켜 주셨습니다. 예수 그리스도를 믿는 우리에게 예수님의 승리가 있을 줄 믿습니다. 육체적 시험, 물질적 시험, 정신적 시험, 영적인 시험 등 모든 시험에서 이길 것을 믿습니다. 왜냐하면 예수 그리스도가 이기셨기 때문입니다.

예수님이 이 시험에서 이기실 수 있었던 비결은 바로 "기록되었으되"로 시작해 하나님의 말씀을 인용하신 대답 때문이었습니다. 우리도 말씀을 꼭 붙잡을 수 있기를 바랍니다. 말씀을 배우고, 가르치고, 순종하며 사십시오. 말씀을 읽지 못하게 하는 어떤 유혹도 물리치십시오. 우리에게 가장 중요한 것이 하나님의 말씀이 되며, 우리가 말씀을 기초로 삶을 살아 나갈 때 우리 자녀가 잘되고, 가정이 잘되고, 하는 모든 일이 형통하게 될 것입니다. 그것이 신명기 8장에 기록된 축복의 말씀입니다.

설교 듣는 일을 절대로 피하지 마십시오. 유혹에 빠지지 마십시오. 아침마다 말씀을 읽으십시오. 제일 지혜로운 사람은 말씀을 가르치는 자입니다. 누구든지 성경 교사가 될 수 있습니다. 성경 교사가 되는 일은 가장 영광스러운 일입니다. 우리가 이런 비전을 갖고 있기를 바라고, 우리에게 성경을 배우는 제자들이 있기를 원합니다.

우리는 창세기 3장 6-7절에서 두 가지 사실을 배우게 됩니다. 하나는 죄에는 전염성이 있다는 것입니다. 죄는 절대로 혼자 짓지 않습니다. 마약은 혼자 하지 않고, 술도 혼자 마시지 않습니다.

여자는 혼자 죄를 짓지 않고 남자도 죄짓게 만듭니다. 로마서 1장 32절을 보면, "그들이 이 같은 일을 행하는 자는 사형에 해당한다고 하나님께서 정하심을 알고도 자기들만 행할 뿐 아니라 또한 그런 일을 행하는 자들을 옳다 하느니라"라고 말합니다.

또 하나는 7절에서 볼 수 있듯이, 죄를 지으면 죄를 보게 된다는 것입니다.

> 이에 그들의 눈이 밝아져 자기들이 벗은 줄을 알고 무화과나무 잎을 엮어 치마로 삼았더라(창 3:7).

선악과를 먹은 후에 인간은 하나님처럼 되지 않고 사탄처럼 변해 버렸습니다. 죄를 짓고 나면 수치감이 생깁니다. 죄는 전염성이 있고, 양심과 인격에 부끄러움을 가져옵니다. 그래서 아담과 하와는 무화과나무 잎을 뜯어서 치마를 만들어 입었습니다.

그러나 하나님 앞에 지은 죄는 인간의 방법으로는 해결할 수 없습니다. 무화과나무 잎으로 가린다고 해서 부끄러움이 없어지는 것이 아닙니다. 하나님 앞에 지은 죄는 하나님의 방법으로만 해결할 수 있습니다. 그래서 하나님은 가죽옷을 입혀 주셨습니다. 그 가죽옷은 예수 그리스도를 만나게 하는 것입니다. 우리의 죄 문제는 우리의 노력으로 해결되는 것이 아니라 예수 그리스도의 보혈로만 해결됨을 기억하십시오.

14

하나님이 부르실 때, “하나님, 저 여기 있어요!”

창세기 3:8-10

누구도 하나님을 피하거나 속일 수 없다

> 여호와여 주께서 나를 살펴보셨으므로 나를 아시나이다 주께서 내가 앉고 일어섬을 아시고 멀리서도 나의 생각을 밝히 아시오며 나의 모든 길과 내가 눕는 것을 살펴보셨으므로 나의 모든 행위를 익히 아시오니 여호와여 내 혀의 말을 알지 못하시는 것이 하나도 없으시니이다 주께서 나의 앞뒤를 둘러싸시고 내게 안수하셨나이다 이 지식이 내게 너무 기이하니 높아서 내가 능히 미치지 못하나이다 내가 주의 영을 떠나 어디로 가며 주의 앞에서 어디로 피하리이까 내가 하늘에 올라갈지라도 거기 계시며 스올에 내 자리를 펼지라도 거기 계시니이다 내가 새벽 날개를 치며 바다 끝에 가서 거주할지라도 거기서도 주의 손이 나를 인도하시며 주의 오른손이 나를 붙드시리이다(시 139:1-10).

인간의 착각 중에서 가장 큰 착각은 하나님을 피할 수 있다고 생각하는 것입니다. 인간은 결코 하나님을 피해서 살 수 없습니다. 시편 139편은 다윗이 일생 동안 하나님을 섬기면서 얻은 체험 고백입니다. 다윗은 한때 하나님을 속일 수 있고, 하나님의 눈을 피할 수 있다고 생각했습니다. 마음속에 가진 생각은 하나님이 모르실 것이라고 여겼습니다. 그러나 결국 다윗은 "하나님은 나의 앉고 서는 것을 아시고 나의 생각과 눕는 것까지도 알고 계신다"고 고백했습니다.

하나님은 우리의 언어도, 마음도, 행위도 다 알고 계십니다. 우리는 하나님께 어떤 것도 숨길 수 없고, 속일 수 없습니다. 사람들이 죄를 짓는 이유는 그 순간에 하나님이 계시지 않다고 생각하거나 자신을 보시지 않는다고 생각하기 때문입니다. 그러나 하나님이 항상 나를 보고 계시고, 내 속마음의 동기까지도 알고 계신다고 생각하면 두려움을 갖게 됩니다.

또한 우리는 하나님을 피할 수 없습니다. 다윗은 "내가 하늘에 올라갈지라도 하나님은 거기 계셨고 새벽 날개를 치며 바다 끝까지 가도 하나님은 거기 계셨다"고 고백했습니다. 다윗이 피한 장소에 하나님은 계셨습니다. 우리는 절대로 하나님을 피하거나 속일 수 없습니다.

죄가 들어오기 전까지 인간에게 하나님과의 만남은 감격이었고 기쁨이었습니다. '하나님'이라는 말만 들어도 가슴이 울렁거리고 좋았을 것입니다. 그러나 아담과 하와가 하나님이 먹지 말라고 하신 선악과를 따 먹는 죄를 지은 순간부터 모든 상황이 변하고 말았습니다. 갑자기 하나님이라는 존재가 부담이 되기 시작했습니다. 죄가 없으면 하나님을 부인하거나 거부하지 않습니다. 하나님으로부터 도망가지 않습니다. 우리가 도망가고 거부하는 이유는 죄와 어두움이 우리에게 있기 때문입니다.

> 그들이 그날 바람이 불 때 동산에 거니시는 여호와 하나님의 소리를 듣고 아담과 그의 아내가 여호와 하나님의 낯을 피하여 동산 나무 사이에 숨은지라(창 3:8).

'그날 바람이 불 때'라는 말을 보면 하나님은 아담과 하와를 시간을 정해 놓고 정기적으로 만나셨다는 사실을 알 수 있습니다. 하나님은 언제나 우리를 만나 주십니다. 또 '동산에 거니시는 여호와 하나님'이라는 말은 하나님이 어떤 공간 안에 들어오셨다는 의미입니다. 이것은 우리가 큐티를 통해 일정한 시간에 일정한 장소에서 하나님을 정기적으로 만나는 것과 마찬가지입니다.

하나님과 아담은 이렇게 아름다운 관계를 가지고 있었습니다. 시간과 공간의 제한을 받는 인간을 위해 제한받지 않으시는 하나님이 친히 오실 정도였습니다. 하나님은 초월해 계신 분입니다. 하나님께는 과거나 현재나 미래가 모두 같습니다. 하나님은 온 우주에 동시에 계신 분입니다. 그러나 우리를 사랑하시는 하나님은 자기 자신을 제한하심으로써 시간과 공간 안에 들어오셨습니다. 이처럼 참사랑은 자기희생이며 자기를 제한하는 것입니다.

하나님은 아담과 하와를 정기적으로 만나 주셨습니다. 하나님은 지금도 동일하게 우리를 찾아오십니다. 시간과 공간을 초월하시는 하나님은 자신을 희생하시면서 우리의 시간과 공간 안에 오십니다. 우리가 가장 힘들고, 어렵고, 고통스러울 때 하나님은 우리와 함께 계십니다. 그분이 하나님이십니다.

시간과 공간 안에 오신 하나님은 우리에게 말씀하십니다. '말씀'이란 교제의 시작을 의미합니다. 말씀은 복의 시작이며 감격의 시작입니다. 말씀이 없으면 의사소통이 불가능합니다. 하나님은 우리에게 말씀하시고, 우리의 기도에 응답해 주시며, 우리의 사정을 들어주시는 분입니다.

우리가 이 말씀을 통해 또 한 가지 배울 수 있는 것은 하나님의 성품입니다. 인간은 배신할지라도 하나님은 우리를 배신하시지 않습니다. 하나님은 약속을 반드시 지키십니다. 인간을 사랑하기로 결정하신 하나님은 자기 이름을 위해서라도 우리를 의의 길로 인도해 주십니다.

아담과 하와는 하나님과 더불어 아름다운 교제를 하고 있었습니다. 그러던 어느 날, 뱀의 꼬임에 빠져서 사탄의 음성을 듣게 되었고, 하나님 대신에 사탄을 선택했습니다. 그리고 하나님의 명령에 불순종하게 되었습니다. 하나님이 먹지 말라고 하신 선악과를 먹은 것입니다. 선악과에 손을 댔다는 것은 악에 접촉되었다는 뜻입니다.

인간이 하나님의 명령에 불순종했음에도 불구하고 하나님은 하나님의 약속을 신실하게 계속 지키셨습니다. 바람이 불 때 동산을 거니시는 하나님이 그날, 그 시간, 그 공간에 동일하게 찾아오셔서 아담과 하와에게 사랑의 말씀을 해 주셨다는 것을 통해 그 사실을 알 수 있습니다.

하나님으로부터 와서 하나님을 위해 살다가 하나님께로 가는 사람

하나님은 오셔서 "아담아, 내가 왔다" 하고 아담을 부르셨을 것입니다. 하나님이 인간을 찾아오실 때는 언제나 인간의 방법으로 오십니다. 만일 하나님의 방법으로 인간에게 오신다면 인간이 따라갈 수 없을 것입니다. 아브라함이 부지중에 천사를 대접한 사건을 기억해 보십시오(창 18장 참조). 예수님이 "내가 주릴 때에 너희가 먹을 것을 주었고 … 헐벗었을 때에 옷을 입혔고 병들었을 때에 돌보았고 옥에 갇혔을 때에 와서 보았느니라"(마 25:35-36)라고 말씀하시면서 "너희가 여기 내 형제 중에 지극히 작은 자 하나에게 한 것이 곧 내게 한 것이니라"(마 25:40)라고 하셨던 말씀을 기억합니까? 그렇습니다. 이렇게 하나님은 인간의 방법으로 우리에게 오십니다.

그러나 하나님이 아담과 하와를 찾아오셨을 때 그들은 대답하지 않았습니다. 하나님이 우리를 부르실 때 대답하지 않는다면 그것은 병이 들었다는 증거입니다. 우리가 "하나님, 저 여기 있어요" 라고 대답할 때 하나님과 더불어 아름다운 교제를 하는 복이 계속 될 것입니다.

8절 후반부를 보면, 아담과 하와가 나무 사이에 숨은 장면을 볼 수 있습니다. 떳떳하다면 숨을 이유가 있겠습니까? 오히려 당당해야 합니다. 그러나 죄는 하나님의 얼굴을 피하게 하고 숨게 만듭니다. 교회를 피할 때 병든 것입니다. 사람 만나기를 거부할 때 이미 우울증에 빠진 것입니다. 하나님의 얼굴을 피하고, 교회와 성경을 거부하고, 예수 믿는 사람을 밀어내고 있을 때 이미 그 사람은 문제 속에 있는 것입니다.

죄는 사람의 얼굴을 피하게 합니다. 죄는 부부가 갑자기 서로의 얼굴을 피하게 합니다. 부모를 보는 자식의 눈빛이 달라지게 합니다. 숨지 마십시오. 얼굴을 피하지 않게 되기를 바랍니다. 죄가 없을 때는 모든 것이 투명하고, 떳떳하고, 자신 있습니다. 그러나 일단 죄를 지으면 모든 것이 불투명하고 뒤끝이 흐려집니다. 그것은 어딘가가 병들었다는 증거입니다.

> 여자가 그 나무를 본즉 먹음직도 하고 보암직도 하고 지혜롭게 할 만큼 탐스럽기도 한 나무인지라 여자가 그 열매를 따 먹고 자기와 함께 있는 남편에게도 주매 그도 먹은지라 이에 그들의 눈이 밝아져 자기들이 벗은 줄을 알고 무화과나무 잎을 엮어 치마로 삼았더

라(창 3:6-7).

여자는 먹지 말아야 했던 선악과를 본 순간, 먹음직도 하고 보암직도 하고 지혜롭게 할 만큼 탐스럽기도 하여 유혹을 받았습니다. 유혹은 누구든지 받을 수 있습니다. 유혹 자체가 나쁜 것은 아닙니다. 유혹을 거절하지 못하는 것이 잘못입니다. 유혹을 거절하는 믿음이 우리에게 있기를 바랍니다. 사탄은 끊임없이 우리의 욕망인 '보는 것'과 '먹는 것'으로 우리를 유혹합니다. 아담과 하와는 그 유혹을 거절하지 못하고 선악과를 따 먹고 말았습니다.

죄는 전염성이 있습니다. 하와는 선악과를 자기도 먹고 남편도 먹게 했습니다. 사탄은 아담을 유혹할 필요가 없었습니다. 하와만 유혹하면 아담은 자연히 끌려오기 때문입니다.

아담과 하와가 선악과를 먹은 후에 본 것은 천국이 아니라 지옥이었습니다. 눈이 밝아져서 얻은 소득은 부끄러움을 보게 된 것이었습니다. 전에는 부끄러움을 볼 필요도, 느낄 필요도 없었습니다. 그러나 죄가 수치감을 불러왔습니다. 갑자기 자신들이 벌거벗었다는 사실이 부끄럽게 느껴지기 시작했습니다. 선악과를 따 먹은 순간 죄에 대해서 눈을 뜨게 된 것입니다.

우리는 죄에 대해 눈을 뜰 필요가 없습니다. 선과 하나님에 대해서만 눈을 뜨면 됩니다. 아담과 하와는 사탄에 대해 눈을 뜰 필요가 없었는데 선악과를 먹음으로써 사탄과 접촉해 버렸습니다. 그들은 이제 부끄러움을 느끼고 그 문제를 해결하려고 엉겁결에 무화과나무 잎을 엮어 치마를 만들었습니다.

문제가 생기면 빨리 하나님께로 오십시오. 우리 스스로 해결하려 하면 문제는 더욱 악화됩니다. 고치면 고칠수록, 손대면 손댈수록 더 나빠집니다. 하나의 거짓말은 다른 거짓말을 낳게 됩니다. 한 개의 거짓말을 막기 위해서는 두 개의 거짓말을 해야 합니다.

무화과나무 잎은 결국 그들에게 더 많은 부끄러움과 고통과 목마름을 주었습니다. 그들은 나무 사이에 숨었습니다. 이것이 죄입니다. 더 깊이 들어가는 것이 죄입니다. 죄는 죄를 낳습니다. 수치스럽고 부끄러운 일이 있다면 감추거나 막으려고 하지 마십시오. 더 나빠집니다.

이것을 해결하는 방법은 오직 한 가지밖에 없습니다. 예수님께 나와 치유를 받는 것입니다. 우리의 행위로는 수치가 가려지지 않습니다. 예수님이 흘리신 보혈로만 우리의 수치가 가려지고 부끄러움이 숨겨집니다. 하나님의 얼굴을 피하지 마십시오. 아무리 어렵고 힘들어도 피하거나 숨지 마십시오. 그러므로 성경을 읽고 설교를 듣는 기회를 놓치지 마십시오. 예수께로 나오면 수치가 벗겨지고 저주와 심판이 축복으로 변합니다.

여호와 하나님이 아담을 부르시며 그에게 이르시되 네가 어디 있느냐(창 3:9).

하나님은 우리를 포기하시지 않습니다. 우리가 죄를 짓고 배신해 하나님을 피해 숨을지라도 하나님은 하늘 끝까지, 바다 끝까지, 땅 끝까지 가셔서 우리를 찾아내시고야 맙니다. 이것이 하나님의 사랑입니다. 우리는 하나님을 속일 수 없습니다. 하나님은 우리 자신보다도 우리를 더 잘 아시기 때문입니다. 하나님은 아담과 하와를 포기하시지 않고 그들을 찾기 시작하셨습니다. "아담아, 아담아" 하고 부르셨습니다. 하나님은 지금 이 시간에도 우리의 이름을 부르십니다.

그런데 하나님은 '하와'는 부르시지 않았습니다. 하와가 죄를 지었으니 하와를 찾으셔야 할 텐데, 아담을 찾으셨습니다. 왜 그러셨을까요? 부부는 한 몸이기 때문입니다. 부부는 두 개체가 아닙니다. 아내가 한 실수에 대한 책임은 남편이 져야 합니다. 그러나 일상적으로 우리는 아내가 잘못하면 이혼합니다. 실수하면 아내에게 책임을 전가시키는 남편들이 많이 있습니다. 하지만 하나님은 아내가 실수했어도 그 책임을 남편에게서 찾으십니다. 아내에 대한 모든 책임은 남편에게 있습니다. 그래서 하나님은 아담에게 책임을 물으셨습니다.

하나님은 아담을 찾으시면서 "아담아, 네가 무슨 짓을 했느냐?"라고 물으시지 않고 "네가 어디 있느냐?"라고 물으셨습니다. 이는 인생의 본질적이고 근본적인 질문입니다. 사람들이 잃어버리고 상실한 것은 자신의 현주소입니다. 어디서 와서 어디로 가는지 알지 못한다는 것입니다.

만일 부모에게서 왔다고 하면 허무주의에 빠지고 말 것입니다. 대부분의 사람들은 인생의 목적 없이 살고 있기 때문에 허무하고, 외롭고, 고독합니다. 돈을 많이 벌고 원하는 목적을 성취했다 할지라도 만족하지 못합니다. 그래서 나이가 들어 죽을 때가 되면 "나는 무엇 하다 여기까지 왔는가!"라고 의미 없는 탄식을 하고 마는 것입니다.

우리는 어떻습니까? 내가 하고 있는 일의 의미를 압니까? 그리고 죽으면 어디로 갑니까? 죽음으로 모든 것이 끝이 납니까? 이 질문들에 대한 해답이 없는 사람은 죽음을 불안해합니다. 암에 걸리거나 사업이 망하면 인생이 망했다고 생각합니다. 하지만 사업이 망했다고 인생이 망한 것도, 죽을병에 걸렸다고 인생이 패배한 것도 아닙니다.

원하는 목표에 이르지 못했다고 해서 인생이 끝장나는 것도 아닙니다. 가난하고 병이 들어도 인생은 행복할 수 있습니다.

목적을 다 이루지 못했다 할지라도 인생의 의미와 목적과 죽은 후에 가야 할 세계를 알고 있다면 성공한 사람입니다. "나는 하나님으로부터 와서 하나님을 위해 살다가 하나님께로 가는 사람이다"라고 말하십시오. 이렇게 말할 수 있다면 즐거워집니다. 자기 인생이 정리되기 때문입니다.

인생의 현주소를 잃고 '도망하는 사회'에서 나는?

하나님이 아담에게 하신 질문은 "너는 지금 어디에 있느냐? 네 인생이 무엇이냐?" 하는 것입니다. 이 질문은 창세기 16장에 한 번 더 나옵니다. 아브라함의 후처인 하갈이 사라의 핍박을 받고 광야로 쫓겨난 기막힌 신세가 되었을 때입니다. 그때 천사가 나타나 "사래의 여종 하갈아 네가 어디서 왔으며 어디로 가느냐"(창 16:8상)라고 물었습니다. 그때 하갈은 대답하기를, "나는 내 여주인 사래를 피하여 도망하나이다"(창 16:8하)라고 말했습니다.

여기서 '도망'이라는 말이 중요합니다. 인생은 끝없는 도망입니다. 죄를 지으면 도망하게 됩니다. 범행을 저지른 사람은 지명 수배를 받아 도망을 다닙니다. 자식이 죄를 지으면 부모로부터 도망하게 됩니다. 남편이 죄를 지으면 아내로부터 도망하게 됩니다. 또 누군가 나에게 심한 고통을 줄 때도 도망합니다. 정부가 악한 정치를 하면 국민이 도망하고, 사장이 잘못되면 직원이 도망합니다. 남편이 어렵게 하면 아내는 같이 살다가도 도망합니다. 오늘 우리가 살고 있는 사회는 '도망하는 사회'입니다.

"너는 지금 어디에 있느냐?"는 말속에는 3가지 뜻이 있습니다. 첫째는 "너는 왜 나를 피하느냐?"라는 의미입니다. 둘째는 "너는 지금 무엇을 하고 있느냐?" 하는 말입니다. 셋째는 하나님이 아담의 문제를 돕고 싶어 하신다는 뜻입니다. 하나님을 도망하여 숨어 있지 말고 하나님 앞으로 나오라는 의미입니다. "내가 너를 도와

주마. 너의 수치를 감싸 주마"라는 뜻이 들어 있는 것입니다.

> 이르되 내가 동산에서 하나님의 소리를 듣고 내가 벗었으므로 두려워하여 숨었나이다(창 3:10).

아담은 자신을 중요시했습니다. 이렇게 자기를 강조하는 사람은 항상 비참합니다. 하지만 하나님을 강조하는 사람은 복을 받습니다. 이 말씀에서 가장 중요한 단어는 '두려움'입니다. 고통은 견디면 되지만, 더 무서운 것은 두려움입니다. 병에 걸리면 병 자체의 통증 때문에 고통스럽기도 하지만, 병으로 인해 생기는 공포와 두려움이 사람을 더 많이 아프게 하고 죽이는 것입니다. 우리는 두려움과 공포 가운데서 벗어나기를 간절히 바랍니다.

하나님은 우리에게 "두려워하지 말라. 놀라지 말라"고 말씀하십니다. 두려움과 좌절에서 벗어나라는 것입니다. 문제는 해결하면 되지만 두려움과 공포는 우리로 하여금 지옥을 느끼게 합니다. '벗었으므로'라는 말에서 느낄 수 있듯이, 아담은 공포에 사로잡혀 있었습니다. 벗었다는 수치감은 아담에게 두려움을 주었고, 하나님의 얼굴을 피하여 숨게 만들었습니다. 두려움에서 벗어나기를 바랍니다. 예수 그리스도 안에 있으면 모든 두려움에서 벗어나게 됩니다. 하나님을 신뢰하십시오. 그러면 모든 두려움이 사라집니다. 하나님께 가까이하십시오. 모든 염려와 근심과 걱정이 사라질 것입니다.

그러나 아담은 하나님이 찾아오셨음에도 불구하고 두려워했습니다. 그 이유는 죄를 고백하지 않았기 때문입니다. 빛 가운데로 나아가는 사람은 어두움에서 해방되지만, 빛 가운데 나아가서도 웅크리고 등을 돌리고 있는 사람은 여전히 어두움을 가지게 됩니다. 교회에 왔다고 모두 빛 안에 있는 것은 아닙니다. 죄를 고백하지 않고 감싸고 있는 사람의 자리는 어두움의 자리입니다. 그것은 우리에게 두려움과 고통과 아픔을 줄 것입니다.

> 내가 나의 마음에 죄악을 품었더라면 주께서 듣지 아니하시리라(시 66:18).

> 오직 너희 죄악이 너희와 너희 하나님 사이를 갈라놓았고 너희 죄가 그의 얼굴을 가리어서 너희에게서 듣지 않으시게 함이니라(사 59:2).

우리 안에 있는 모든 수치와 두려움과 하나님에 대한 거부감을 버리기 바랍니다. 아담과 하와는 하나님과 친구였지만, 어느 날 그들은 도망자의 길에 서게 되었습니다. 도망자가 할 일은 하나밖에 없습니다. 자수하는 것입니다. 하나님은 우리가 자수하면 죄 없는 것으로 인정해 주십니다. 이것이 회개입니다. 회개하면 하나님은 우리의 죄가 없는 것으로 인정해 주십니다.

탕자가 집을 나가는 순간, 아버지는 그를 용서하기로 결정했습니다. 하나님은 벌을 많이 준 다음 용서하시겠다는 것이 아니라 이미 처음부터 용서하기로 결정하셨습니다. 도망하면 스스로 고민을 만드는 것입니다. 주저하지 말고 빨리 돌아오십시오. 하나님은 이미 우리의 죄를 예수 안에서 용서하셨습니다.

수치와 두려움을 개의치 않고 하나님 앞에 나오면 어두움이 순식간에 사라집니다. 어두움을 몰아내려고 애쓰지 마십시오. 어두움을 몰아내는 유일한 비결은 빛을 받아들이는 것입니다. 빛이신 예수를 받아들이기만 하면 어두움과 악한 영이 떠나고, 악한 습관과 무거운 짐이 떠나고, 우리를 두렵고 절망하고 병들게 했던 모든 것이 순식간에 떠나갑니다. 하나님께 돌아오십시오.

하나님이 사람을 부르실 때 죄 때문이 아니라 다른 의미로 부르실 때가 있습니다. 아브라함을 부르실 때는 그를 믿음의 조상으로 만들기 위해 부르셨습니다. 모세를 부르신 이유는 이스라엘 백성을 애굽 땅에서 구원하는 사명을 주시기 위해서였습니다. 또 하나님은 성전에서 자고 있던 어린 사무엘을 부르셨고, 엘리야를 부르셨고, 이사야와 예레미야와 에스겔을 부르셨습니다. 신약성경을 보면 삭개오와 베드로, 요한과 안드레, 나다나엘을 부르셨습니다. 예수 믿는 사람들을 잡으러 가던 사울을 다메섹 도상에서 부르셨습니다. 밧모섬의 요한도 하나님의 음성을 들었습니다.

바울과 사무엘을 부르시던 그 하나님이 지금 우리도 부르고 계십니다. 우리를 부르시는 하나님의 부르심이, 죄를 지은 아담을 부르시던 그 부르심이 아니라 복과 사명을 주시기 위한 부르심이기를 바랍니다.

15

죄를 지었다면, "하나님, 제가 잘못했습니다"

창세기 3:11-15

죄인은 하나님이 부르셔도 대답하지 않는다

인간이 죄를 짓기 이전에 하나님과의 관계는 기쁨, 사랑, 신뢰가 있는 복된 관계였습니다. 그러나 인간이 사탄의 유혹을 받아 죄를 지은 후부터 하나님과의 관계에 금이 가기 시작했습니다. 인간의 영혼에 죽음과 저주와 죄의 그림자가 드리워졌습니다. 이때부터 시작된 고통과 죽음의 행진은 우리가 살고 있는 지금까지도 계속되고 있습니다. 지구 도처에서 전쟁과 파괴, 폭력과 고통이 계속되고 있는 모습을 볼 수 있습니다. 죄는 이렇게 무섭습니다.

창세기 2-3장은 죄가 들어왔을 때의 몇 가지 현상을 소개하고 있습니다. 가장 먼저, 창세기 3장 7절은 죄가 인간 속에 들어왔을 때 생긴 현상이 '부끄러움'이라고 말합니다. 즉 수치심입니다. 죄를 짓기 전에 인간에게는 수치심이 없었습니다. 하지만 죄를 지은 인간은 수치심으로 당황한 나머지 급히 무화과나무 잎으로 수치를 감추었습니다. 그러나 죄는 가려지지도, 숨겨지지도 않았습니다. 죄는 인간의 노력이나 방법으로 감추면 감출수록 더욱 커지기만 합니다. 그래서 죄인은 더욱 숨고, 피하고, 도망갑니다.

수치감이 그대로 남아 있었기 때문에 아담과 하와는 하나님의 얼굴을 피하여 도망가 에덴동산에 있는 나무 뒤에 몸을 숨겼습니다. 죄인은 도망자입니다. 죄인은 하나님이 부르셔도 대답하지 않습니다. 이것이 죄인의 운명입니다. 그리고 계속해서 도망합니다. 도망자의 삶은 공포와 두려움의 연속입니다.

창세기 3장 10절을 보면, 죄지은 후부터 이전에 없었던 두려움과 공포가 아담과 하와에게 생겼습니다. 하나님을 떠난 인간의 본질은 '두려움'입니다. 두려움의 대상이 있든지 없든지 인간은 공포와 두려움 속에서 하루하루를 초조하게 쫓기며 살아가는 존재입니다. 두려움과 공포에 시달리다 보면 외로움과 고독이 찾아옵니다. 누군가 옆에 있어도 외롭고, 없어도 외롭습니다. 두려움과 공포가 극에 달하면 두려움을 주는 상대를 죽이고 싶어집니다. 그러다가 자기가 감당할 수 없어지면 자살합니다. 병에 대한 두려움, 그리고 돈이 없다는 두려움, 미래에 대한 두려움 등은 급기야 인간을 죽음으로 몰아갑니다.

이렇게 죄를 지은 사람이 도망하다가 수세에 몰리게 되면 도리어 공격하기 시작합니다. 하나님께 대들고 같이 싸우자고 덤벼듭니다. 본인이 잘못했음에도 잘못했다고 말하지 않고 변명하고 책임을 전가합니다. 책임이 전가되면 투쟁과 전쟁이 일어납니다. 이 장의 본문인 창세기 3장 11-15절에서는 죄의 특징인 변명과 책임 전가를 볼 수 있습니다.

이르시되 누가 너의 벗었음을 네게 알렸느냐 내가 네게 먹지 말라

명한 그 나무 열매를 네가 먹었느냐(창 3:11).

죄를 지은 아담과 하와는 하나님이 그들을 찾으시자 하나님을 피해 숨었습니다. 그러나 하나님은 절대로 우리를 포기하시지 않습니다. 우리가 죄를 짓고 도망가도, 수치스러워 숨어도 하나님은 반드시 우리를 찾아내시고야 맙니다. 하늘 끝으로 가도, 바다 끝까지 가도, 땅 끝까지 가도 찾아내시고야 맙니다. 하나님은 우리를 사랑하시기 때문입니다. 우리가 어떤 실수와 허물을 가지고 있다 하더라도 하나님은 절대로 포기하시지 않고 우리를 찾아내 죄에서 건져 내십니다. 11절이 바로 그 내용입니다.

하나님은 아담과 하와를 발견하셨습니다. 아담과 하와는 하나님의 소리를 듣고 "내가 벗었으므로 두려워하여 숨었나이다"라고 변명했습니다. 죄는 변명을 낳습니다. 변명하지 않는 사람이 되기를 바랍니다. 변명의 단계를 넘어서면 "내가 잘못한 것이 아니다"라고 책임을 회피하거나 전가하는 단계까지 가게 됩니다.

하나님은 아담에게 두 가지 질문을 하셨습니다. 첫 번째 질문은 "누가 너의 벗었음을 네게 알렸느냐?"는 것입니다. 이는 "지금까지 벗고 지냈는데 갑자기 벗었다는 것이 왜 문제가 되느냐?"는 물음입니다. 죄가 없을 때는 문제가 되지 않았지만 죄가 들어오면서 그것이 문제가 되었습니다. 인간이 죄에 대해 눈을 뜨게 된 것입니다. 두 번째 질문은 "내가 네게 먹지 말라 명한 그 나무 열매를 네가 먹었느냐?" 하는 것입니다. 이는 "너희가 내 말을 거역했느냐?"는 물음입니다.

첫 번째 질문을 통해 하나님은 아담과 하와가 벗었음을 가르쳐 준 존재가 사탄임을 지적하셨습니다. 모든 문제의 배후에는 어둠의 세력이 있다는 것입니다. 그러나 사람들은 그 사실을 잘 알지 못합니다. 그래서 하나님이 지적해 주십니다. 하나님은 아담과 하와가 수치를 알게 된 것은 사탄 때문이라고 바로 알려 주셨습니다. 또한 두 번째 질문을 통해 하나님은 그들이 하나님의 얼굴을 피하는 이유가 하나님의 명령을 거역했기 때문임을 지적하셨습니다.

우리는 창세기 3장 11절에서 두 가지 사실을 배우게 됩니다. 먼저, 하나님의 얼굴을 피하고 교회에 나오기를 거부하는 까닭은 뒤에서 어둠의 세력이 조종하고 있기 때문이라는 것입니다. 우리는 이 사실을 인정하고 직시해야 합니다. 우리가 불평하고, 화내고, 미워하고, 고통스러워하는 이유는 사탄의 세력 때문입니다. 우리를 죽음으로 몰아가기 위한 음모가 있음을 잊지 마십시오.

또 한 가지 사실은 하나님으로부터 멀리 떠나서 은혜 가운데 살지 못하는 이유는 하나님의 말씀을 거역하기 때문이라는 것입니다. 설교 듣기와 성경 공부를 거부했고, 기도하기를 거부했기 때문입니다. 은혜 받을 만한 시간, 말씀을 가까이하기를 거부했기 때문에 하나님의 얼굴을 피하는 도망자의 모습을 갖게 된 것입니다.

'너는 너, 나는 나'가 아니라 '너는 나, 나는 너'

이런 하나님의 지적에 대한 아담의 반응을 보십시오.

> 아담이 이르되 하나님이 주셔서 나와 함께 있게 하신 여자 그가 그 나무 열매를 내게 주므로 내가 먹었나이다(창 3:12).

하나님이 아담에게 질문하셨을 때 아담은 하나님께 용서를 구하지 않았습니다. 아담은 선악과를 먹은 사실은 인정했습니다. 죄를 부정하지 않았습니다. 죄를 지은 대부분의 사람들은 자기 죄를 부인하는데, 아담은 자신의 죄를 인정했습니다.

현대인들은 죄를 짓고서도 당당합니다. 죄를 인정하면서도 뻔뻔합니다. 하나님께 용서를 구하지 않습니다. 누구든지 잘못했을 때 잘못했다고 시인하면 용서를 받을 수 있습니다. 부부 싸움의 원인도 사과하지 않는 데 있습니다. 자존심 때문에 본인이 잘못했음을 분명히 알고 있으면서도 시인하려 하지 않습니다. 이것이 죄의 본질입니다. 변명하거나, 남에게 책임을 전가하거나, 용서를 구하지 않는 것은 죄의 본질, 사탄의 성격입니다.

아담은 하나님께 용서를 구하지 않았습니다. 오히려 아담이 하나님께 응답한 태도는 "나는 잘못이 없습니다"입니다. 선악과를 먹기는 했지만 "그 여자가 주어서 먹었습니다"라고 변명했습니다. 아내를 '그 여자'라고 말하면 이미 부부 관계는 깨진 것입니다.

아담은 그 여자의 유혹 때문에 선악과를 먹었다면서 하와에게 모든 책임을 전가했습니다. 세상에서 가장 못난 남자는 여자에게 책임을 전가하는 남자입니다. 남편들이여, 아내가 비록 잘못했다 하더라도 책임을 뒤집어씌우지 않기를 바랍니다. 만일 아내를 보호하지 않고 책임을 뒤집어씌운다면 아담과 다를 바 없을 것입니다.

우리는 이어지는 12절에서 아담의 실수를 살펴볼 수 있습니다.

첫째, 아담은 선악과를 먹으면 안 된다는 사실을 몰랐습니까? 아닙니다. 아담은 정확히 알고 있었습니다. 창세기 2장 16-17절을 다시 보면 아주 명확해집니다.

> 여호와 하나님이 그 사람에게 명하여 이르시되 동산 각종 나무의 열매는 네가 임의로 먹되 선악을 알게 하는 나무의 열매는 먹지 말라 네가 먹는 날에는 반드시 죽으리라 하시니라(창 2:16-17).

하나님이 아담에게 동산의 모든 나무를 보여 주시고 선악을 알게 하는 나무의 열매는 먹지 말라고 명령하실 때는 하와가 없었습니다. 그러므로 이 명령은 하나님이 아담에게 하신 것입니다. 하와는 명령 후에야 만들어졌습니다. 하와는 선악과를 먹으면 안 된다는 사실을 하나님으로부터 들은 것이 아니라 아담으로부터 들었습니다. 아담은 선악과를 따 먹으면 안 된다는 것을 하와보다 더 확실하게 알고 있었습니다.

그런데 지금 아담은 "나는 모릅니다"라고 발뺌을 하고 있습니다. 오늘의 경제 위기 앞에서도 모두가 "그것은 내 책임이 아니다"라고 말하며, "내가 모르는 사이에 이루어졌다"고 합니다. 아닙니다. 분명히 우리가 음모를 꾸몄고, 우리의 지시입니다. 선악과를 먹으면 안 된다는 사실은 하와보다 아담이 더 잘 알고 있었습니다. 그런데도 아담은 자신에게 책임이 없고 하와가 잘못했다고 변명했습니다. 이것이 아담의 첫 번째 실수입니다.

둘째, 아담은 하와가 자신과 한 몸이라는 사실을 믿지 않았습니다. 성경을 보면 '남자가 부모를 떠나 그의 아내와 합하여 둘이 한 몸을 이루는 것'이 부부입니다(창 2:24). 그러나 아담은 위기에 부딪히자 '너는 너, 나는 나'라는 식으로 자신과 하와를 분리시켰습니다. 이것은 부부가 아닙니다.

오늘 우리가 맞고 있는 위기는 '한 몸'이라는 생각이 없는 데 있습니다. 부부는 얼마든지 이혼하고 헤어질 수 있는 관계라고 생각합니다. 어떤 부부는 매일 싸우면서도 절대 이혼은 하지 않지만, 어떤 부부는 조금만 성격이 달라도 헤어지자고 합니다. 그 사람의 생각 속에는 헤어지는 것이 정상이라는 생각이 있기 때문입니다. 부부는 헤어질 수 없는 한 몸이라는 사실을 잊었기 때문에 아담은 모든 책임을 여자에게 돌려 버렸습니다.

셋째, 아담이 저지른 실수는 궁극적인 책임이 하나님께 있다고 말한 것입니다. 아담이 여자에게 책임이 있다고 말할 때 그 앞에 붙인 수식어는 '하나님이 주셔서 나와 함께 있게 하신 여자'입니다. 이것은 아담이 하나님께 책임을 전가시킨 것입니다. 하나님이 여자를 주셨기 때문이라는 것입니다. 실수는 인간이 하고 책임은 하나님께 떠맡기는 행위입니다.

대부분의 사람들은 자신들이 죄지은 부분을 은폐하거나 축소합니다. 그러고는 궤변을 늘어놓습니다. 하나님께 왜 죄를 만들어 놓으셨냐고 항의합니다. 왜 인간이 하나님께 죄를 지을 수 있게 만드셨냐며 반항하는 것은 "왜 사람을 개나 돼지처럼 만들지 않으셨냐"고 따지는 것과 같습니다. 개나 돼지는 죄에 대한 갈등이 없기 때문입니다.

하나님은 인간을 사랑하셔서 하나님과 같은 존재로 만드셨습니다. 선택할 수 있고, 자유를 누릴 수 있고, 포기할 수도 있는 인격적 존재로 만드셨습니다. 짐승과 다르게 영적인 존재로 만들어졌음에도 불구하고 인간은 죄를 선택하고 나서 그 책임을 하나님께 뒤집어씌우는 것입니다. 죄의 특징입니다. 재미있는 것은 아담과 하와는 죄를 짓기 전에는 이런 생각을 하지 않았다는 것입니다. 그러나 아담과 하와가 죄를 짓고 나서부터는 그들의 사고방식이 달라졌습니다.

하나님은 아담에게만 찾아오시지 않았습니다. 하와에게도 찾아오셨습니다.

여호와 하나님이 여자에게 이르시되 네가 어찌하여 이렇게 하였느냐 여자가 이르되 뱀이 나를 꾀므로 내가 먹었나이다(창 3:13).

하나님은 여자에게 찾아오셔서 죄의 동기를 질문하셨습니다. 벌하시기 위해서가 아니라 구원하시기 위해서였습니다. 이 질문에 대한 여자의 대답 역시 용서를 구하는 것이 아니라 '뱀 때문에'라는 변명이었습니다.

하와의 경우도 아담과 동일합니다. 이것은 아담과 하와가 동일하다는 뜻이 아니라 죄가 동일하다는 뜻입니다. 누구든지 죄를 지으면 같은 말을 하게 됩니다. 인간은 실수를 할 수밖에 없습니다. 남편이나 아내에게 잘못했을 때 우리는 용서를 구합니까? 부모도 실수할 수 있습니다. 남편이 아내에게, 부모가 자식에게 용서를 구할 줄 알아야 합니다. 아내도 남편에게 자기 잘못을 인정해야 합니다.

그러나 아담과 하와는 그렇게 하지 않았습니다. 그들은 잘못했으면서도 "저 사람 때문입니다"라고 말했습니다. 죄를 지은 이유가 다른 사람 때문이고, 사회구조 때문이라고 핑계를 댔습니다. 이것이 죄의 특징입니다. 그러나 성경이 우리에게 끊임없이 반복적으로 주는 메시지는 "잘못을 인정하라"는 것입니다. 원망하거나, 불평하거나, 남에게 책임을 돌리거나, 변명하지 말고 잘못한 것은 잘못했다고 인정하라는 것입니다. 이것을 가리켜 '회개'라고 말합니다. 회개하면 하나님이 회복시켜 주시고, 고쳐 주시고, 용서해 주겠다고 약속하셨습니다.

“잘못한 것을 고치고 인정하라”라는 말은 죄의 대가까지 치르라는 뜻이 아닙니다. 인간은 죄의 대가를 치를 능력이 없습니다. 내가 저지른 잘못에 대해서 회복시킬 능력이 없습니다. 그렇기 때문에 하나님이 우리가 죄를 지었을 때 바라시는 것은 모든 빚을 갚으라는 것이 아닙니다. “네가 지은 죄를 인정하라”는 것입니다. 죄는 하나님이 갚겠다고 하십니다. 예수 그리스도를 보내셔서 죽게 하심으로 우리가 지은 죄를 갚아 주시겠다는 것입니다.

따라서 우리가 할 일은 우리의 죄를 인정하고 회개하는 것입니다. 그러면 하나님은 우리의 죄를 없는 것같이 기억도 하지 않고 용서해 주겠다고 하셨습니다. 이것이 구원입니다. 하나님 앞에서 죄를 인정하게 되기를 바랍니다. 그리고 정말 미안한 마음과 감당할 수 없이 죄송한 마음으로 “하나님, 제가 잘못했습니다. 저를 용서하십시오. 제가 하나님 품으로 돌아오겠습니다”라고 말할 수 있기를 바랍니다.

인간이 타락한 순간, 하나님의 구원이 시작되었다

> 여호와 하나님이 뱀에게 이르시되 네가 이렇게 하였으니 네가 모든 가축과 들의 모든 짐승보다 더욱 저주를 받아 배로 다니고 살아 있

는 동안 흙을 먹을지니라(창 3:14).

앞서 창세기 3장 12-13절에서 하나님은 아담과 하와에게 질문하실 때 "왜?"라고 물으셨습니다. 그러나 뱀에게는 묻지 않으셨습니다. 하나님은 사람에게는 회개와 회복의 기회를 주시기 위해 물어보시지만 사탄에게는 회개할 기회를 주시지 않고 바로 심판하십니다. 저주하십니다. 이것이 인간과 다른 점입니다.

하나님은 뱀에게 두 가지 저주를 하셨습니다. 첫 번째 저주는 배로 다닐 것을 명하신 것입니다. 두 번째 저주는 살아 있는 동안 흙을 먹으라는 것입니다. 여기에서 사탄이 완전히 패배한 것을 볼 수 있습니다. 사탄은 창조주와 동등한 존재가 아닙니다. "선한 신이 있고 악한 신이 있다"는 이원론은 거짓입니다. 하나님은 한 분이십니다. 사탄은 피조물에 불과합니다. 사탄은 자신이 하나님과 비슷하다고 속이고 있습니다. 아담과 하와에게도 "네가 하나님과 같이 될 수 있다"고 속였습니다.

사탄을 겁내지 마십시오. 사탄은 하나님의 심판을 받은 존재에 불과합니다. 사탄은 세 번 심판을 받습니다. 첫 번째는 에덴동산에서였고, 두 번째는 갈보리 언덕에서 예수님이 십자가에 달리실 때였으며, 마지막 세 번째는 예수님이 재림하실 때입니다. 그때 사탄은 영원히 심판을 받게 되어 있습니다. 두려워하지 마십시오. 사탄은 이미 심판을 받았고 뱀은 이미 저주를 받았습니다.

뱀은 저주를 받아서 다른 동물들과 달리 배로 기어 다니게 되었습니다. 모든 동물은 발로 다니고 날개로 날아다닙니다. 정정당당합니다. 그런데 배로 기어 다니는 것은 왠지 떳떳하지 못하고 비굴한 것 같습니다. 뱀만 보면 모두 싫어합니다. 뱀은 소리 없이 옵니다. 뱀같이 살지 마십시오. 떳떳하게 사십시오.

뱀은 살아 있는 동안 흙을 먹고 살라는 저주를 받았습니다. 하나님은 흙으로 사람을 만드셨습니다. 흙으로 인간의 육체를 만드셨습니다. 그러므로 흙에는 인간 육체의 요소가 있습니다. 사탄은 인간의 육체를 만집니다. 사탄이 가끔 우리에게 질병을 주고, 안목의 정욕과 이생의 자랑을 통해 괴롭히는 것은 그가 인간의 육체를 다루기 때문입니다. 인간의 육체는 흙에서 와서 흙으로 돌아가는 존재에 불과합니다. 사탄이 할 수 없는 일이 있는데, 영혼을 다루는 것입니다. 사탄은 우리의 생사화복을 다룰 수 없습니다. 그는 우리를 괴롭힐 수는 있지만 우리의 영혼을 파괴시킬 수는 없습니다.

> 내가 너로 여자와 원수가 되게 하고 네 후손도 여자의 후손과 원수가 되게 하리니 여자의 후손은 네 머리를 상하게 할 것이요 너는 그의 발꿈치를 상하게 할 것이니라 하시고(창 3:15).

성경 최초의 예언입니다. 인간은 죄를 지어 하나님으로부터 멀어졌고 심판과 저주를 받게 되었습니다. 그러나 하나님은 사탄은 완전히 저주하셨지만 사람은 완전히 심판하시지 않고 구원하셨습니다. 인간이 타락한 순간이 하나님의 구원이 시작된 순간입니다. 인간의 타락과 하나님의 구원의 시작 사이에는 간격이 없습니다. 마치 탕자가 집을 나간 순간부터 아버지가 아들을 용서한 것과 같습니다.

우리의 죄는 이미 약 2,000년 전에 용서되었습니다. 갈보리 언덕에서 우리의 죄와 허물과 실수와 죽음과 모든 질병이 떠나갔습니다. 하나님은 우리를 사랑하시기 때문에 우리를 용서하셨습니다. 그래서 인간이 죄를 범한 바로 그 순간, 여자의 후손에게서 메시아가 태어나고, 그 메시아가 사탄을 십자가에서 완전히 멸망시킬 것이라는 예언을 하셨습니다. "뱀은 여자와 원수가 되고, 그들의 후손도 원수가 되며, 인간을 괴롭힐 것이지만 여자의 후손에게서 메시아가 태어나 뱀의 정수리를 찍을 것이다! 사탄은 십자가에서 완전히 패배할 것이다!"

이 장이 우리에게 가르쳐 주는 메시지에서 발견할 수 있는 것은 인간에게 죄가 들어오면 인간은 책임을 전가하고 용서를 구하지 않는다는 것입니다. 그러나 우리가 잘못했다고 말하는 순간부터 행복이 옵니다. 그런데 우리는 그 말을 하지 않습니다. 사람들은 이 말을 듣고 싶어 합니다. 하나님도 듣고 싶어 하십니다. 이제는 우리가 용서를 구해야 할 때입니다.

16

나는 날마다 십자가 옷으로 갈아입습니다

창세기 3:16-21

저주와 고통에서 자유하려면, 오직 예수

죄의 결과는 언제나 참담하고 비참합니다. 죄를 짓고 나면 누에고치에서 실이 나오듯 죄의 무서운 결과들이 몸에서 흘러나옵니다. 이러한 결과를 막을 수 있는 분은 오직 예수 그리스도 한 분뿐이십니다. 십자가의 능력만이 우리 안에 흐르고 있는 죄의 무서운 결과를 막을 수 있습니다.

하나님은 죄를 그냥 넘기시지 않습니다. 반드시 죄를 지은 자에게 책임을 물으십니다. 뱀은 여자를 유혹해서 죄를 짓게 했습니다. 여자는 남자도 죄를 짓도록 유도했습니다. 하나님은 죄의 책임을 물으실 때도 이와 같은 순서를 따르셨습니다. 먼저 뱀에게 죄의 책임을 물으셨습니다. 그다음에 여자에게, 마지막으로 아담에게 책임을 물으셨습니다.

하나님은 뱀을 찾아가셨지만 "네가 왜 여자를 유혹하여 죄를 짓게 했느냐?"고 질문하시지 않았습니다. 하나님은 사탄을 그 자리에서 정죄하고 심판하셨습니다. 뱀에게 찾아오셔서 하신 하나님의 말씀을 들어 보십시오.

여호와 하나님이 뱀에게 이르시되 네가 이렇게 하였으니 네가 모든 가축과 들의 모든 짐승보다 더욱 저주를 받아 배로 다니고 살아 있는 동안 흙을 먹을지니라 내가 너로 여자와 원수가 되게 하고 네 후손도 여자의 후손과 원수가 되게 하리니 여자의 후손은 네 머리를 상하게 할 것이요 너는 그의 발꿈치를 상하게 할 것이니라 하시고(창 3:14-15).

하나님은 사탄을 징벌하시고 저주하셨습니다. 하나님은 사탄에게 기회를 주시지 않았습니다. 그러나 아담에게는 죄에 대해서 질문하시며 기회를 주셨습니다. 하나님은 죄를 지은 자에게 회개할 기회를 주시고, 용서의 은혜도 베풀어 주십니다. 이것이 하나님의 방법입니다. 우리에게도 기회를 주십니다. 아무리 무서운 죄와 잘못을 저질렀다 하더라도 하나님은 우리에게 긍휼을 베풀어 주시고 기회를 주십니다.

하나님은 뱀을 저주하시면서 뱀의 후손과 여인의 후손이 원수가 될 것이라는 예언을 하셨습니다. 여자의 후손이 뱀의 머리를 상하게 할 것이라는 예언입니다. 실제로 그 사건은 갈보리 언덕의 십자가에서 일어났습니다. 앞서도 언급했지만, 하나님을 배반한 타락한 천사들은 지상으로 쫓겨나서 세 번 심판을 받습니다. 첫 번째 심판은 에덴동산에서의 심판이요, 두 번째 심판은 갈보리 언덕에서의 심판이요, 세 번째 심판은 우리 주님이 재림하실 때의 심판입니다. 완벽한 심판이 기다리고 있습니다.

뱀을 심판하신 다음 하나님은 여자에게 말씀하셨습니다.

> 또 여자에게 이르시되 내가 네게 임신하는 고통을 크게 더하리니 네가 수고하고 자식을 낳을 것이며 너는 남편을 원하고 남편은 너를 다스릴 것이니라 하시고(창 3:16).

여기서 놀라운 사실은 하나님이 여자에게는 뱀에게 말씀하신 것처럼 저주하시지 않았다는 것입니다. 하나님은 단지 죄로 인한 고통만을 말씀하셨습니다. 이처럼 하나님으로부터 선택된 자들이 죄를 짓게 되면 고통은 받지만 망하지는 않습니다. 하나님이 그들을 건져 내십니다. 이것이 하나님의 긍휼과 사랑입니다. 그러나 죄를 지으면 고통을 당하며 대가를 치르게 됩니다. 죄에 대응하는 벌이 있습니다.

창세기 3장 16-21절을 보면, 남자가 받는 벌과 여자가 받는 벌이 다릅니다. 여자가 사탄의 유혹을 받아 선악과를 따 먹은 것에 대한 벌은 크게 두 가지입니다.

여자가 죄 때문에 받는 첫 번째 고통은 자식 때문에 겪는 고통입니다. 부부가 함께 아이를 갖지만 실제적인 출산의 고통은 여자가 겪습니다. '네게 임신하는 고통을 크게 더하리니'라는 말은 임신하면 고통이 시작된다는 의미입니다. 원래 인간에게는 임신하는 고통, 해산하는 고통, 자녀를 키우는 고통이 없었습니다. 이것은 죄가 인간에게 들어오면서부터 여자에게 크게 더해진 특별한 고통입니다.

하나님은 인간과 모든 동식물과 에덴동산을 만드신 후 인간에게 "생육하고 번성하여 땅에 충만하라 … 모든 생물을 다스리라"(창 1:28)라는 명령을 주셨습니다. 이때 '생육'과 '번성'은 하나님이 주신 복입니다. 임신하고 해산하는 것은 고통이 아니라 복이었고, 태의 열매는 하나님의 상급이었습니다. 아이를 낳고 기르는 것은 여자가 가진 최대의 복으로서 기쁨이요, 면류관입니다. 그러나 죄를 지은 뒤부터는 그 기쁨과 복, 놀라운 감격이 고통과 아픔, 상처로 변했습니다. 이것이 바로 여자가 죄를 짓고 나서 받게 된 고통과 심판입니다.

남자는 출산과 육아에 여자처럼 큰 고통을 겪지 않습니다. 자녀 교육에 있어서도 여자가 더 많이 고통을 받습니다. 아이가 아프거나, 사춘기를 겪고, 결혼하는 과정 속에서도 남자보다 여자에게 더 많은 고통이 따른다는 것을 성경은 말합니다.

여자가 죄 때문에 받은 두 번째 고통은 남편으로 인한 특별한 고통입니다. 행복하기 위해 결혼했지만 결혼한 순간부터 여자는 남편 때문에 수많은 고통을 겪습니다. 이것은 모순이라고 생각됩니다. 16절 하반 절을 보면, "너는 남편을 원하고 남편은 너를 다스릴 것이니라"라는 말씀이 있습니다. 아내가 남편을 사모하는 것은 당연한 것 아닙니까? 이처럼 당연한 것이 고통이 된다는 뜻입니다. 아내는 그렇게 사랑하는 남편 때문에 한평생 눈물을 흘립니다.

대부분의 여자들은 충분한 사랑보다는 목마른 사랑을 합니다. 또 남편을 사랑하는 기쁨보다는 남편을 다른 사람에게 빼앗기지 않을까 하는 고통을 겪습니다. 또 많은 여자가 남편으로부터 폭력을 당합니다. 여자에게는 남편을 사모하는 고통이 있습니다.

나아가 여자는 남자에게 지배당합니다. 부부는 한 몸이요, 서로 사랑하고 존경해야 하는 인격체입니다. 그런데 누가 누구를 지배하고, 지배를 당해야 합니까? 이것은 부부가 아닙니다. 그럼에도 불구하고 많은 남자가 폭군으로, 때로는 주인으로 여자 위에 군림하고 여자들은 종이나 수단으로 전락했습니다. 진정한 그리스도인들 중에 소수를 제외하고는 많은 남성이 아내에게 "내 뼈 중의 뼈요 살 중의 살이라"(창 2:23)라는 고백을 하지 않습니다. 이것은 죄의 결과입니다.

이토록 비참한 여자의 운명을 극복할 수 있는 길은 오직 한 가지입니다. 여자의 원죄를 지고 갈보리 언덕에서 십자가에 못 박혀 죽으신 예수 그리스도를 영접하는 것입니다. 그러할 때 여자는 모든 저주와 고통에서 자유하게 됩니다. 예수 그리스도가 그 안에 계실 때 여자는 남자가 주는 모든 고통에서 자유해지며, 하나님의 형상을 따라 지으심을 받은 인간으로 아름답게 회복됩니다.

예수 믿을 때 태초의 기쁨이 회복된다

아담에게 이르시되 네가 네 아내의 말을 듣고 내가 네게 먹지 말라 한 나무의 열매를 먹었은즉 땅은 너로 말미암아 저주를 받고 너는 네 평생에 수고하여야 그 소산을 먹으리라(창 3:17).

하나님은 남자에게도 구체적으로 책임을 물으셨습니다. 남자가 가정의 책임자이기 때문입니다. 하나님은 여자의 실수에 대한 책임을 남자에게 물으셨습니다. 그러나 대부분의 남자들은 자신의 실수에 대한 책임조차 아내에게 떠넘기려 합니다. 하나님은 아담에게 찾아가셔서 여자에게는 말씀하시지 않았던 징벌과 심판과 고통의 이유를 말씀하셨습니다. 아담이 하나님으로부터 심판과 고통을 받는 이유는 두 가지입니다.

첫째, 하나님보다 여자의 말을 들었기 때문입니다. 하나님은 이러한 태도를 싫어하십니다. 둘째, 하나님의 말씀을 거역했기 때문입니다. 하나님보다도 돈과 명예와 권력과 세상을 중요하게 여길 때, 아내와 남편을 우상시할 때 이런 심판이 옵니다. 하나님보다 더 위대하고, 더 크고, 더 존경받고, 더 예배받을 대상은 없습니다. 마태복음에서 예수님은 제자들에게 이렇게 말씀하셨습니다.

아버지나 어머니를 나보다 더 사랑하는 자는 내게 합당하지 아니하고 아들이나 딸을 나보다 더 사랑하는 자도 내게 합당하지 아니하며 또 자기 십자가를 지고 나를 따르지 않는 자도 내게 합당하지 아니하니라(마 10:37-38).

그러나 많은 사람이 교회에 나오고 예수를 믿으면서도 실제로 하나님보다 더 소중한 것이 많다고 말합니다. 그래선 안 됩니다. 우리에게 예수님과 바꿀 수 있는 것이 아무것도 없기를 바랍니다. 자녀가 귀하지만 하나님보다 귀하지는 않습니다. 배우자도 하나님보다 귀할 수는 없습니다. 우리는 하나님 중심으로 살아야 합니다. 하나님보다 돈이나 명예를 섬기면 재앙이 옵니다. 그러나 하나님을 섬기면 아내와 남편과 자녀가 더불어 복 받고, 기업도 복을 받습니다. 그러나 아담은 하나님의 음성보다는 여자의 말에 더 귀를 기울였습니다. 그래서 하나님의 명령을 거역했습니다. 이것이 아담의 실수였습니다.

그렇다면 아담이 받은 벌은 무엇입니까? 그것은 여자가 겪지 않는 고통이요, 독특한 고통입니다. 여자는 자녀 때문에 평생 고통을 받아야 하고, 남편 때문에 가슴앓이를 해야 하고, 남편의 지배를 받아야 한다면 남자에게 주어진 고통은 무엇입니까?

첫 번째, 남자 때문에 땅이 저주를 받았습니다. 최초의 땅은 풍성했습니다. 왜 이 땅에 지진과 엘니뇨 현상과 빙하의 위험과 오존층 파괴와 같은 수많은 위험이 있습니까? 인간의 죄 때문입니다. 인간의 탐욕이 대기 오염을 유발했습니다. 오염과 환경 파괴로 인간은 죽게 될 것입니다. 이 땅의 저주는 남자들의 죄 때문에 생겼습니다. 이 얼마나 무서운 일입니까? 그 고통을 인간이 받게 됩니다.

남자가 받은 두 번째 독특한 고통은 저주가 된 노동입니다. 남자들이 직장에서 얼마나 고생하는지 압니까? 회사에서 상사에게 당하고, 동료에게 당하고, 때로는 나이가 어린 사람에게도 당하고, 돈 좀 벌려고 아등바등하고 하루 종일 피곤하게 살아야 하는 남자의 신세를 압니까? 그렇게 번 돈도 쥐꼬리만 하지 않습니까? 그나마 그런 직장조차도 없는 사람이 수두룩합니다. 이것이 죄로 인한 남자의 고통입니다. 이것이 남자가 겪는 고통입니다. 왜 그렇습니까? 하나님을 거역했기 때문입니다. 죄로 인해 노동은 복이 아니라 고통이 되었습니다.

원래 노동은 하나님이 주신 복입니다. 사람에게 일이 없다면 얼마나 허무하고, 허전하고, 괴롭겠습니까? 그러나 죄로 인해 남자는 땀을 흘려야만 살 수 있는 존재가 되었고, 노동은 복이 아니라 수고가 되었습니다.

하나님이 인간에게 주신 복의 동산을 관리하는 것, 동물과 식물을 관리하고 사랑하고 섬기는 것이 노동입니다. 이것이 노동의 가치입니다. 노동을 통해 인간은 건강하고 행복해지게 되어 있습니다. 그러나 죄를 짓고 난 후 노동은 투쟁하고 싸워서 이익을 챙기는 돈벌이 수단으로 바뀌었습니다. 땀을 흘려야만 먹고살 수 있도록 세상이 변한 것입니다. 이것은 죄의 열매입니다.

이러한 노동의 가치가 잘 표현되고 지금도 남아 있는 곳이 바로 가정입니다. 우리가 가정에서 일할 때 월급을 받습니까? 아닙니다. 어머니가 밥을 해 주면서 돈을 받지 않습니다. 만약 돈을 받는다면 가족이 아닐 것입니다. 이처럼 대가 없는 사랑의 수고가 바로 하나님이 주신 노동의 가치입니다.

그러나 요즘은 이러한 노동의 가치를 스스로 포기하는 사람들이 있습니다. 돈을 주고 다른 사람에게 가정을 관리하고 돌보는 일을 맡깁니다. 그러나 이것은 가족을 섬기는 귀한 노동의 의미를 스스로 포기하는 것입니다. 몸이 아프거나 불가피한 경우를 제외하고는 직접 집안일을 하기 바랍니다. 섬기는 복, 땀을 흘리는 복, 일하는 복, 이것이 인간이 가지고 있는 본질적인 복입니다.

이런 노동의 복이 교회에도 있습니다. 교회를 자비량으로 섬기는 것이 얼마나 귀합니까? 저는 토요일 오후 2, 3시쯤 교회에 있는 것이 정말로 행복합니다. 이날 공동체별로 교회 청소를 하는데, 강대상을 닦고, 카펫을 청소하고, 유리를 닦습니다. 그렇게 일하는 성도들의 얼굴을 보면 행복에 겨워 상기되어 있습니다. 이것이 노동의 복입니다. 인간이 죄를 짓고 나면서부터 이러한 노동의 가치가 다 없어지는 비극을 경험하게 된 것입니다. 죽을 때까지 일을 해야 하는 남자의 운명은 이처럼 피곤하고 고통스럽습니다.

이 고통에서 벗어나는 길은 무엇입니까? 직장에서 일하고, 회사를 운영하고, 돈을 버는 것이 기쁨과 복이 되는 비결은 무엇입니까? 아담의 원죄를 지시고 갈보리 언덕에서 십자가에 못 박혀 돌아가신 예수 그리스도를 영접하고 그분을 위해 사는 것입니다. 그때 하나님이 돈도 주시고, 건강도 주시고, 복도 더하여 주실 줄로 믿습니다. 그리스도인들에게는 직장과 회사와 사회를 회복시킬 책임이 있습니다. 돈 버는 것만을 위해 일하는 것이 아닙니다. 돈 이상의 목적, 노동의 거룩한 목적을 자신의 삶을 통해 이룰 때 내면에 말할 수 없는 천국의 기쁨이 회복될 것입니다.

또 하나님은 남자에게 "너는 흙이니 흙으로 돌아갈 것이니라"(창 3:19)라고 하셨습니다. 인간은 흙으로 만들어졌습니다. 동물도 마찬가지입니다. 인간이나 동물이나 흙으로 만들어진 것은 같습니다. 인간에게 하나님의 영이 없다면 인간이나 동물이나 똑같습니다. 그러나 인간은 동물과 다르게 지어졌습니다. 그런데 하나님은 죄 때문에 인간도 죽으면 흙이 될 것이라고 하셨습니다. 이것이 바로 아담이 받은 저주입니다. 얼마나 비참한 인생입니까?

그리고 잘 기억하십시오. 뱀이 먹는 것이 무엇입니까? 흙입니다. 이것이 남자의 운명입니다. 그러나 우리가 예수 그리스도를 믿으면 이 저주가 끊어집니다. 우리는 흙으로 돌아가는 존재가 아니라 하나님의 자녀로 그 영혼이 구원받고 복 받을 줄로 믿습니다.

헌 옷 다 벗어 버리고 예수로 옷 입으라

하나님은 인간을 이렇게 저주하고 끝내시지 않았습니다. 인간을 향한 심판과 벌이 영원하도록 내버려 두시지 않았습니다. 그 여자를 구원하기로 결심하셨고, 그 남자를 축복하기 원하셨습니다. 그래서 하나님은 기회를 주셨습니다.

> 아담이 그의 아내의 이름을 하와라 불렀으니 그는 모든 산 자의 어머니가 됨이더라(창 3:20).

두 가지 증표가 있습니다. 첫 번째는 여자에게 이름을 붙여 주신 것입니다. 창세기 1장 20절 이전에는 '하와'라는 이름이 쓰이지 않았습니다. 지옥에 갈 사람에게 무슨 이름을 붙입니까? 그러나 이제 구원하고 회복시키기 위해서 하나님이 여자에게 '모든 산 자의 어머니'라는 뜻의 '하와'라는 이름을 주신 것입니다. 이 이름에 따라 여자의 후손에게서 메시아가 나왔습니다.

예수 그리스도를 영접하십시오. 예수 그리스도를 만나십시오. 그분 안에 모든 저주가 끊어지는 역사가 있으며, 모든 심판의 종지부를 찍는 역사가 있을 것입니다. 그리고 하나님이 우리를 창조하셨을 때의 모습으로 회복되는 역사가 있을 줄로 믿습니다.

두 번째 증표가 창세기 3장 21절에 나옵니다.

여호와 하나님이 아담과 그의 아내를 위하여 가죽옷을 지어 입히시니라(창 3:21).

하나님은 아담과 하와가 무화과나무 잎으로 만들어 입었던 옷을 벗기시고 하나님이 지으신 가죽옷을 입히셨습니다. 이것은 더 비싸고 좋은 옷을 입히셨다는 의미가 아닙니다. 가죽옷을 만들기 위해서는 동물이 죽어야 하고, 그 동물이 죽을 때 피를 흘려야 합니다. 따라서 이것은 제사를 의미합니다. 하나님이 아담과 하와의 죄를 씻어 주시기 위해 제사를 예비하셨음을 가르쳐 줍니다. 하나님은 한 동물의 죽음과 그 가죽으로 된 옷으로 인간의 수치를 가려 주셨습니다.

이로써 수많은 양과 소가 피를 흘림으로 인간의 죄를 대신하는 제사가 시작되었습니다. 그리고 하나님의 아들 예수 그리스도가 인간의 모든 죄를 대신해 갈보리 언덕 십자가에 못 박혀 피 흘려 돌아가심으로 영원한 속죄를 이루셨습니다. 인간의 모든 죄를 용서하시는 놀라운 역사가 일어났습니다. 그 역사가 바로 이 '가죽옷'에서부터 시작된 것입니다.

하나님은 인간에게 복을 주기 시작하셨습니다. 회복하기 시작하셨습니다. 하나님은 지금도 무화과나무 잎으로 된 옷을 벗기고 가죽옷을 입히시며 우리를 하나님의 자녀로 다시 회복시키기 원하십니다.

> 수고하고 무거운 짐 진 자들아 다 내게로 오라 내가 너희를 쉬게 하리라 나는 마음이 온유하고 겸손하니 나의 멍에를 메고 내게 배우라 그리하면 너희 마음이 쉼을 얻으리니 이는 내 멍에는 쉽고 내 짐은 가벼움이라 하시니라(마 11:28-30).

예수님께로 오십시오. 예수님이 지어 주시는 새 옷을 입읍시다. 걸레 같은 헌 옷을 다 벗어 버리고 하나님이 주시는 은혜의 옷, 깨끗한 옷, 정결한 옷, 십자가의 옷을 입고 새롭게 변화되고 거듭나기를 바랍니다.

17

모두
나 때문입니다

창세기 3:22-24

결국 구원해 내시고야 마는 질긴 하나님의 사랑

이 장에서는 하나님이 죄인들을 다루시는 방법과 죄지은 사람에게 베풀어 주시는 은혜에 대해 함께 살펴보겠습니다. 하나님은 형용할 수 없는 깊은 사랑을 조건 없이 우리에게 베풀어 주시면서, 오랫동안 말할 수 없는 인내의 과정을 거치고서라도 결국 우리를 구원해 내시고야 맙니다.

하나님의 사랑이 위대하고 놀라운 이유는 하나님의 가슴에 고통과 아픔이 있기 때문입니다. 우리를 향한 하나님의 사랑은 희생으로 대가를 치르셨기에 값진 것입니다. 사랑에는 언제나 고통과 아픔, 희생이 따르기 마련입니다. 하나님은 무슨 일이든지 하실 수 있는 능력 있는 분이시면서도 스스로를 제한하시고 고통을 겪으셨습니다.

이제 죄를 지어 죽게 된 아담과 하와를 향한 하나님의 사랑을 3가지 측면에서 살펴보겠습니다.

첫째, 하나님은 아담과 하와에게 가죽옷을 지어 입히셨습니다. 그전에 죄를 지은 아담과 하와는 수치를 가리기 위해 무화과나무 잎으로 치마를 만들어 입었습니다. 그러나 우리가 알아야 할 것은 죄와 수치는 가려지지 않는다는 것입니다. 가리면 가릴수록 더 보이고, 감추면 감출수록 더 커지는 것이 죄입니다. 죄와 수치는 절대로 숨길 수 없습니다.

그럼에도 하나님은 아담과 하와의 수치를 가려 주시고 싶었습니다. 이것이 사랑입니다. 참된 사랑은 상대방의 허물을 감추어 주는 것입니다. 어떤 사람은 상대방의 허물을 드러냅니다. 그것은 사랑이 아니라 고발이고 비판입니다. 가족들의 허물을 들추어내지 마십시오. 하나님은 마치 부모가 자녀들의 수치를 남이 볼까 봐 감추어 주듯이 우리의 수치를 드러내시지 않고 감추어 주십니다.

하나님은 인간의 수치를 가려 주시기 위해서 가죽옷을 지어 주셨습니다. 가죽옷을 만들기 위해서는 동물을 죽여야 합니다. 에덴동산에 첫 죽음이 온 것입니다. 하나님은 동물을 죽여 피를 흘린 후 가죽을 얻으셨고, 그 가죽으로 옷을 지어서 아담과 하와의 수치를 가려 주셨습니다.

아담과 하와는 가죽옷을 입는 순간, 마음에 평안과 위로가 찾아오는 것을 느꼈습니다. 왜냐하면 예수 그리스도가 갈보리 언덕에서 십자가에 달려 피 흘려 돌아가셨기 때문입니다. 물론 아담과 하와는 예수 그리스도의 십자가를 몰랐을 것입니다. 그러나 가죽옷을 입는 순간부터 '제사'라는 것을 알게 되었습니다. '모든 죄가 예수 그리스도의 피로 씻긴다'는 놀라운 사실이 여기서부터 시작된 것입니다. 이것이 하나님의 사랑입니다. 하나님의 사랑은 우리의 허물과 실수를 덮어 주는 것에서부터 시작합니다.

그러므로 우리 역시 우리 가까이에 있는 사람들의 허물을 덮어 주는 복이 있기를 바랍니다. 상대방의 허물을 덮어 주면 하나님의 은혜가 더 강하게 느껴집니다. 내가 남을 사랑하면 하나님이 나를 사랑하신다는 사실이 깨달아집니다. 내가 남을 사랑하지 않거나 그의 허물을 덮어 주지 않으면 하나님의 사랑을 느낄 수 없습니다. 주기도문 중에서 "우리가 우리에게 잘못한 사람을 용서하여 준 것같이 우리 죄를 용서하여 주시고"라는 기도의 뜻이 여기에 있습니다.

감추어진 생명나무에 담긴 하나님의 간절한 사랑

둘째, 하나님의 사랑의 표현은 생명나무를 숨기신 데 있습니다. 요한계시록 22장을 보면 생명나무는 하나님의 보좌로부터 나온 생명수의 강 좌우에 있었습니다. 그 나무는 영원한 생명을 주는 복된 나무입니다. 그런데 우리에게 복과 영원한 생명을 주기 위한 나무가 아담이 죄를 짓고 난 후에 감추어졌습니다. 하나님이 생명나무를 숨기신 이유는 아담과 하와를 너무나 사랑하시기 때문이었습니다.

> 여호와 하나님이 이르시되 보라 이 사람이 선악을 아는 일에 우리 중 하나같이 되었으니 그가 그의 손을 들어 생명나무 열매도 따 먹고 영생할까 하노라 하시고(창 3:22).

아담과 하와는 선악과를 따 먹고 죄를 지어 하나님의 심판과 진노를 받게 되었습니다. 죄를 지으면 죽음의 존재로 변하게 됩니다. 만일 죄가 씻어지지 않고 용서되지 않은 채 생명나무 열매를 먹으면 진짜 저주가 일어납니다. 왜냐하면 죄를 지은 채 영원히 살게 되기 때문입니다.

죄를 지은 자는 죽어야 합니다. 죄와 함께 죽어야만 다시 살아날 수 있습니다. 옛 사람이 죽어야 새사람이 다시 살아나듯이, 아담이 선악과를 먹은 죄가 씻긴 후에 생명나무 열매를 먹어야 영원히 사는 복을 받게 되는 것입니다. 하나님은 아담과 하와가 생명나무 열매를 따 먹고 영원히 죄지은 채로 살게 될까 봐 급히 에덴동산을 폐쇄하시고 생명나무를 감추셨습니다. 이처럼 생명나무를 감추시는 하나님의 마음에는 아담과 하와를 살리시고자 하는 간절한 사랑이 숨어 있습니다.

창세기 2장을 보면, 하나님은 선악을 알게 하는 나무와 생명나무를 함께 심어 놓으셨습니다. 동산에 많은 나무가 있지만 두 나무는 아주 특별했습니다. 왜냐하면 선악을 알게 하는 나무는 사탄과, 생명나무는 하나님과 관계가 있기 때문입니다. 선악을 알게 하는 나무의 열매를 먹으면 죄를 알게 되고 사탄과 접촉하게 됩니다. 그래서 하나님이 절대로 먹지 말라고 하신 것입니다.

마치 썩은 음식을 먹으면 바이러스에 감염되어서 설사를 하고 무서운 전염병이 생기기 때문에 먹지 말라는 것과 같습니다. 자녀가 무서운 전염병에 걸리면 그 균이 전염되어 다른 가족도 해칠 수 있기 때문에 병에 걸린 자녀를 집에서 내보냅니다. 자녀를 사랑하기에 병원으로 보내 병이 다 나을 때까지 격리 수용했다가 깨끗이 나은 후에 집으로 데려옵니다. 이것이 하나님의 마음이었습니다.

하나님은 하나님의 모양과 형상으로 지으심을 받은 아담과 하와가 죄를 지어 모든 것에 부패와 저주와 죽음이 오는 상황을 그대로 보고 계실 수 없었습니다. 그 하나님이 제일 먼저 하셔야 하는 일은 생명나무를 숨기는 것이었습니다. 생명나무의 열매를 먹게 되면 죄에서 돌이킬 수 없기 때문에 급히 생명나무를 숨기신 것입니다.

생명나무를 숨기는 유일한 방법은 에덴동산을 폐쇄하는 것이었습니다. 하나님은 할 수 없이 에덴동산을 폐쇄하셨고, 기가 막힌 심정으로 아담과 하와를 에덴동산에서 쫓아내셔야 했습니다. 하나님이 에덴동산에서 아담과 하와를 쫓아내신 것은 아담과 하와를 저주하려는 것이 아니라 구원하시고 고치시기 위한 아버지의 사랑이었습니다. 하나님은 죄를 지음으로 멸망과 진노를 받아 죽을 수밖에 없는 사랑하는 아담과 하와를 구원하시기 위해 에덴동산에서 쫓아내셨습니다.

여기서 "그가 그의 손을 들어 생명나무 열매도 따 먹고 영생할까 하노라"라는 말씀에서 생명나무의 열매를 먹으면 영원히 살 수 있다는 사실을 알 수 있습니다. 그러나 바로 앞에 "이 사람이 선악을 아는 일에 우리 중 하나같이 되었으니"라는 말씀은 잘못하면 오해할 수 있습니다. 아담과 하와가 하나님처럼 되었다는 말이 아닙니다. 아담이 아무리 선악과를 따 먹었다고 해도 인간일 수밖에 없습니다. 하나님에 의해 만들어진 피조물에 불과합니다. 그는 결코 하나님이 될 수 없습니다.

선과 악을 아는 능력은 하나님이 가지고 계십니다. 하나님은 죄를 없애실 수도 있고, 사탄을 심판하고 내쫓는 능력도 가지고 계십니다. 그러나 인간은 죄를 지을 수는 있지만 죄를 다룰 능력은 없습니다. 아담은 하나님이 된 것이 아니라 죄를 경험한 것입니다. 죄를 지은 인간은 죄를 처리할 능력이 없기 때문에 사탄의 유혹에 빠져 버렸고, 인간에게 남아 있는 것은 저주와 멸망뿐입니다.

> 여호와 하나님이 에덴동산에서 그를 내보내어 그의 근원이 된 땅을 갈게 하시니라(창 3:23).

에덴동산은 복된 동산이며 영생하는 동산이었습니다. 에덴동산은 죄가 없고 하나님과 더불어 교제하는 곳이었습니다. 에덴동산은 수고스럽게 노동하지 않아도 계절마다 먹을 것이 있고, 물을 구하기 위해 지하수를 파지 않아도 되었습니다. 그곳은 기쁨의 노동이 있는 곳이었습니다. 하나님은 바로 그 에덴동산에서 아담과 하와를 축출하셨습니다. 축출당한 아담과 하와가 간 곳이 바로 우리가 살고 있는 이 세상입니다.

아담이 죄를 지은 후에 이 땅은 저주를 받았습니다. 죄를 짓기 전에는 병도, 죽음도, 저주도, 가시나무도, 엉겅퀴도 없는 복된 곳이었습니다. 하나님이 만들어 주신 완벽한 곳이었습니다. 그러나 아담과 하와가 쫓겨난 이 세상은 추위와 더위가 있고, 지진이 있고, 이상 기후가 있고, 싸움과 전쟁이 있고, 생존 경쟁이 있는 곳입니다. 이런 세상으로 아담과 하와가 쫓겨난 것입니다.

이 세상은 사탄이 쫓겨난 곳입니다. 그래서 세상을 일컬어 '공중 권세 잡은 곳'이라고 말합니다. 이 세상은 사탄이 지배하는 곳이요, 저주와 죽음이 있는 곳입니다. 저는 이 세상에서 70-80년만 살 수 있다는 것에 대해 하나님께 감사드립니다. 어떻게 보면 사람이 오래 산다는 것은 복이 아닙니다. 적당한 때에 죽는 것도 복이라는 생각이 듭니다.

아담과 하와가 죄를 짓고 난 후 이 세상은 저주를 받았다고 했는데, 동물과 식물의 세계는 어떻게 되었을까요? 가끔 "동물의 세계"라는 TV 다큐멘터리를 보면 동물들이 정말 예쁘고 아름답게 묘사되어 있습니다. 그러나 동물의 세계야말로 생존 경쟁이 치열한 곳입니다. 적자생존과 먹이사슬이 존재하는, 오로지 생존만을 위해 사는 곳이 동물의 세계입니다.

현대를 가리켜 환경오염의 시대라고 합니다. 그렇다면 원시 시대의 환경은 오염되지 않았을까요? 그렇지 않습니다. 죄는 처음부터 죄입니다. 죄가 진화되어서 오늘과 같은 세상을 만든 것이 아닙니다. 예수님 당시에도 오늘날과 동일한 불치병이 있었습니다. 왜냐하면 죄가 있는 곳에는 병과 죽음이 있기 때문입니다.

이집트의 박물관에 있는 수많은 유물을 보면서 느낀 점은 이집트의 화장술과 미용술이 현대인들이 따라갈 수 없을 만큼 놀랍다는 것입니다. 그때도 지금처럼 동일한 문화와 학문이 있었습니다. 고대인들의 고독과 허무도 현대인들과 동일했습니다. 죄는 어느 곳에 가든지 마찬가지입니다. 고대나 현대나 죄의 현상은 동일합니다. 우리가 일상생활에서 겪고 있는 모든 사회 현상은 아담이 살던 시대나 예수님이 사셨던 시대에도 동일하게 있었던 것입니다.

아담은 세상에 들어왔을 때 가시덤불과 엉겅퀴를 내는 땅, 하루 종일 땀을 흘려야 하는 땅을 보고 말할 수 없는 절망과 좌절감을 느꼈습니다. 아담은 에덴동산을 향한 그리움이 생겼습니다. 그러나 에덴동산은 폐쇄되었고 생명나무는 감추어졌기 때문에 돌아갈 수 없었습니다. 아담은 그 후로부터 눈물겨운 삶을 살아야 했습니다.

> 이같이 하나님이 그 사람을 쫓아내시고 에덴동산 동쪽에 그룹들과 두루 도는 불 칼을 두어 생명나무의 길을 지키게 하시니라(창 3:24).

하나님은 에덴동산을 보호하시기 위해 그룹들을 보내 지키셨습니다. 여기서 '그룹들'은 에스겔서와 요한계시록에 나오는 하나님의 보좌에 있는 천사들입니다. 날개가 있는 천사들이 사람이 접근하지 못하도록 에덴동산을 지키기 시작했습니다. 그리고 두루 도는 불 칼로 에덴동산의 생명나무로 가는 길을 막았습니다. 이것을 보면 아담과 하와가 에덴동산으로 돌아가기 위해 여러 가지 시도를 했다는 것을 알 수 있습니다.

하나님은 절대 포기하시지 않는다

하나님은 아담과 하와를 에덴동산에서 쫓아내셨지만 다시 불러오기를 원하셨습니다. 그러기 위해서는 아담과 하와의 원죄를 없애셔야 했습니다. 병이 완전히 나은 후에야 사랑하는 자녀를 집으로 데려올 수 있는 것처럼, 하나님은 아담과 하와의 원죄를 근본적으로 수술하기를 원하셨습니다. 비록 이 과정이 수천 년 걸리고, 힘들고 어려웠지만 하나님은 포기하시지 않았습니다. 이것이 하나님의 세 번째 사랑의 표현입니다. 먼저 가죽옷을 지어 입히신 후에 에덴동산에서 쫓아내시고 생명나무를 감추셨습니다.

최초의 인간은 살인을 했습니다. 가인이 동생 아벨을 죽이고 세상에 죄가 관영해지자 하나님은 홍수로 세상을 심판하셨습니다. 그러나 홍수로 완전히 쓸어버리시지 않고 노아의 여덟 식구를 살려 두셨습니다. 하나님은 무지개를 보여 주시면서 저주와 죽음의 길로 가고 있는 인간을 구원하고 회복시켜 다시 에덴동산으로 데려가겠다는 약속을 하셨습니다.

이 약속을 지키기 위해 하나님이 선택하신 사람이 바로 아브라함입니다. 하나님은 아브라함을 믿음의 조상으로 만드셨습니다. 왜냐하면 믿음으로만 구원을 받을 수 있기 때문입니다. 하나님은 아브라함에게 믿음이 있어서 그를 택하신 것이 아니라 사랑하시기 때문에 그를 믿음의 사람으로 만들어 주셨습니다. 하나님은 우리 역시 믿음의 사람으로, 복 있는 사람으로 만들어 주실 것입니다.

하나님은 아브라함에게서 이삭을, 이삭에게서 야곱을 낳게 하셨습니다. 그래서 이삭의 하나님, 야곱의 하나님이 되어 주셨습니다. 이 일은 하나님이 우리를 구원하시기 위해 인내와 사랑을 가지고 자신을 희생하셔야만 하는 것이었습니다.

하나님은 아브라함을 택하셨고 야곱 때부터 한 민족을 만드셨습니다. 그 민족이 이스라엘입니다. 하나님은 이스라엘 민족을 400년 동안 애굽에서 종살이하게 하시고, 모세를 부르셔서 그들을 탈출시키셨습니다. 그 후에 그들을 젖과 꿀이 흐르는 땅으로 보내시기 위해 광야에서 40년 동안 훈련시키셨습니다. 하나님은 광야에서 이스라엘 백성에게 십계명과 더불어 하나님과 교제하는 법인 '율법'을 가르쳐 주셨습니다. 또 성막을 통해 짐승이 대신 죽음으로 말미암아 죄를 용서받을 수 있는 길을 열어 주셨습니다. 그 후 한 사람을 택하셨습니다. 바로 다윗왕입니다.

아브라함과 다윗의 자손 예수 그리스도의 계보라(마 1:1).

하나님은 인류를 구원하고 아담의 원죄를 치유할 수 있는 메시아를 준비해 놓으셨습니다. 그것이 바로 가죽옷에서 무지개로, 아브라함에게로, 모세에게로, 그리고 다윗에게로 이어져 나타났습니다. 그리고 먼 훗날 한 여인의 몸을 통해 하나님이 약속하신 예수 그리스도가 육신으로 이 세상에 오셔서 십자가에 못 박혀 죽게 하셨습니다. 예수 그리스도가 십자가에 못 박혀 죽으심은 인류의 모든 죄를 위한 피 흘림이었습니다.

사람은 사람을 구원할 수 없습니다. 사람이 피를 흘렸거나 짐승이 피 흘렸다고 해서 인간의 원죄가 없어지지 않고, 하나님이 피 흘리셔야만 없어지는 것입니다. 그래서 처음에는 동물의 피를 흘리게 하셨고, 그다음에는 십자가에서 예수 그리스도의 피를 흘리게 하셨습니다. 이로써 하나님은 아담이 지은 원죄를 근본적으로 해결하도록 만들어 주셨습니다(요일 5:12).

요한복음 14장 6절은 "예수께서 이르시되 내가 곧 길이요 진리요 생명이니 나로 말미암지 않고는 아버지께로 올 자가 없느니라"라고 말합니다. 예수 안에 생명이 있습니다(요 1:4). 이 생명만이 아담의 모든 죄를 씻을 수 있습니다. 예수 그리스도를 믿는 믿음이, 예수 안에 있는 하나님의 생명이, 우리의 몸 속에 아담 때부터 흐르고 있는 원죄를 없앨 수 있는 것입니다. 그래서 우리는 구원을 받은 것입니다. 요한계시록 2장 7절을 보십시오.

> 귀 있는 자는 성령이 교회들에게 하시는 말씀을 들을지어다 이기는 그에게는 내가 하나님의 낙원에 있는 생명나무의 열매를 주어 먹게 하리라(계 2:7).

생명나무는 숨겨졌었는데, 여기서 다시 나타났습니다. 하나님은 감추어 놓으신 에덴동산의 생명나무 열매를 예수 그리스도의 죽음과 부활 이후에 이기는 자들에게 주어 먹게 하실 것입니다. 이것이 구원입니다. 예수를 믿는다는 것은 내 안에 있는 아담의 원죄가 근본적으로 없어지고 예수님이 주시는 열매를 먹게 되는 것입니다. 생명나무가 다시 발견되었다는 것은 에덴동산이 회복되었다는 의미입니다.

우리 안에 에덴동산이 회복된 줄 믿습니다. 예수님을 영접한 사람은 천국이 회복되고, 에덴동산이 회복됩니다. 선악과를 먹지 않고 생명나무 열매를 먹게 될 것이며, 남을 비판하고 정죄하는 것이 아니라 사랑하게 될 것입니다. 악으로 악을 이기지 않고 선으로 악을 이기는 놀라운 영적 경험을 하게 될 것입니다. 새 하늘과 새 땅이 회복될 것입니다. 이것이 하나님의 놀라운 구원 계획입니다. 우리 안에 이 하나님의 생명과 구원이 넘치기를 간절히 기도합니다.